AF329938

Général RAU

LA BATAILLE DE SEDAN

d'après les Relations

des États-Majors Français & Allemand

SEDAN
E. GENIN, Libraire-Editeur
20, Rue Gambetta
1924

AVANT-PROPOS

Parmi les nombreux visiteurs qui, après 42 ans écoulés, viennent encore parcourir le champ de bataille de Sedan, quelques-uns seulement sont renseignés avec précision sur les péripéties du drame dont ce terrain fut le théâtre. La plupart n'ont que des notions générales ou même vagues, puisées peut-être uniquement dans les guides Baedecker, Joanne, etc., cependant aussi, dans les publications qui se sont multipliées d'un côté des Vosges comme de l'autre ; mais trop souvent celles-ci n'ont été que des plaidoyers en faveur de tel ou tel chef de l'une ou l'autre armée ; trop souvent, les questions de personnes ont eu, pour les auteurs comme pour les lecteurs, plus d'attrait que le tableau des phases diverses de la lutte ; trop souvent, enfin, ceux même qui ont voulu simplement relater les faits, se sont trouvés dépourvus de données suffisantes ou de témoignages dignes de foi.

Et cependant, quand on est sur les lieux où se déroula la lutte, quand on porte ses regards vers les hauteurs d'où l'artillerie envoyait ses ouragans de projectiles, quand on examine les positions où l'infanterie soutenait des combats désespérés, les champs où la cavalerie se lançait éperduement à la charge, ne ressent-on pas un vif désir de savoir qui était là, qui se dévouait ainsi, comment ces événements ont-ils pu se produire, et aussi, hélas ! puisqu'il y eut des défaillances, qu'est-ce qui a pu les provoquer ?

Les pages qui suivent ont pour but de répondre à ce besoin de savoir qui semble ne pouvoir manquer à tous ceux que n'attire pas seulement, à Sedan, une vaine curiosité ou la satisfaction d'avoir vu de ses yeux le pays du Sédantag, mais bien le culte du souvenir et des enseignements du passé.

Depuis qu'en 1906 l'état-major français a publié, dans la Revue d'Histoire, une relation détaillée de la bataille et les nombreux documents authentiques qui s'y rapportent, la lumière se trouve faite sur tous les incidents de cette journée, dont beaucoup étaient restés plus ou moins dans l'ombre, malgré le récit du grand état-major allemand.

On s'est proposé de présenter ici un résumé de ces deux historiques officiels, en s'abstenant de reproduire les commentaires auxquels ont donné lieu, dans l'un et l'autre ouvrage, plus d'un événement. Il n'a pas paru utile, pour le but qu'on avait en vue, de juger ni même de discuter des actes dont les mobiles secrets ne sauraient, généralement, être saisis malgré les déclarations qu'ont pu faire les intéressés dans certaines circonstances. Les faits, exposés d'une façon impartiale, parlent d'eux-mêmes ; on les a donc simplement laissé parler, estimant que, pour en tirer des conclusions, il faut avant tout en connaître l'enchaînement et les moindres détails.

Les jeunes officiers, désireux de s'instruire, entre les mains desquels pourra tomber ce petit livre, n'y trouveront donc pas de dissertation stratégique, ni tactique ; mais si, en parcourant le terrain, ils veulent bien y replacer, par la pensée, les troupes qui s'y sont rencontrées face à face, et s'ils en suivent les agissements d'après le récit que nous leur présentons, il leur sera facile d'en déduire eux-mêmes les graves et pénibles enseignements qui en ressortent.

Pour les plus anciens et les vétérans, nous n'avons naturellement rien à leur apprendre. Toutefois, s'il en était qui n'aient pas lu l'*Historique de notre Etat-major*, ce résumé pourra les intéresser.

Quant aux touristes, c'est surtout à eux que nous nous adressons, et nous leur offrons ce guide pour compléter et préciser les informations qu'ils peuvent avoir recueillies par ailleurs.

LA BATAILLE DE SEDAN

JOURNÉE DU 31 AOUT 1870

I. — L'Armée Française
s'établit sur les Hauteurs de Sedan

A la tombée de la nuit, le 30 août 1870, quand
l'obscurité vint mettre fin à la bataille de Beaumont,
le Maréchal de Mac-Mahon prit le parti de rassembler
l'armée de Châlons sur les hauteurs de Sedan, car il
ne pouvait plus être question, désormais, de continuer le mouvement vers Metz, entrepris pour aller
rejoindre Bazaine, conformément au plan du
Ministre de la Guerre, Général Cousin-Montauban,
comte de Palikao, et sur l'invitation formelle du
gouvernement de la Régence.

Après avoir donné, à Mouzon où il se trouvait
alors, ses ordres pour ce rassemblement qui devait
s'exécuter immédiatement, le Maréchal, marchant
par Mairy et Douzy, se rendit à Bazeilles. Arrivé
dans ce village un peu après minuit, il fit expédier
de là, un télégramme daté de Sedan, 1 h. 50, ainsi
conçu : « Mac-Mahon fait savoir au Ministre qu'il
« est forcé de porter ses troupes sur Sedan. » Puis,
à l'aube du 31 août, il gagna les hauteurs de la rive
droite de la Givonne, reconnut le terrain et fixa les
emplacements à occuper par les troupes qui allaient
arriver.

D'après les dispositions qu'il arrêta, l'armée devait
être établie entre la Givonne et le bois de la

Garenne, depuis Bazeilles jusqu'à Illy, face à l'Est. Mais les ordres envoyés à cet effet n'arrivèrent pas partout en temps utile. Il en résulta que diverses unités vinrent camper autour de Sedan sur des points qu'elles choisirent de leur propre initiative, de sorte que le rassemblement de l'armée s'exécuta comme il suit :

7ᵐᵉ Corps. — Au moment où le général Douay reçut l'ordre de se porter sur Sedan, le 7ᵐᵉ Corps, qui marchait conformément aux instructions antérieures, était en train de passer la Meuse à Remilly. Le mouvement se fit en conséquence par les deux rives, savoir :

Rive droite : La Division de cavalerie Ameil, arrivée à Sedan vers 3 heures du matin, alla s'établir hors la porte de Bouillon. Elle fut suivie **par** une partie de la Division Conseil-Duménil, qui s'installa sur les glacis de la porte de Balan. Le gros d'un de ses régiments, 3ᵐᵉ de ligne, continuant sa route, gagna Mézières. L'artillerie de la division, avec le 17ᵐᵉ bataillon de chasseurs à pied qui l'escortait, s'arrêta devant Balan.

La division Dumont suivit la division Conseil-Duménil. De cette division, la brigade Bittard des Portes arriva à Bazeilles vers 5 heures du matin et fit une longue pause à la sortie ouest du village ; puis, à 9 heures, elle se porta sur la hauteur au sud de Fond-de-Givonne où elle resta jusque vers 2 heures de l'après-midi. La brigade Bordas, de la même division, s'arrêta avant d'entrer à Bazeilles, et ne continua sa marche que dans l'après-midi.

Après la division Dumont vint l'artillerie de la

division Liébert. Une seule batterie put atteindre Sedan ; les deux autres furent arrêtées à Bazeilles, par l'encombrement de la route.

Rive gauche : Le général Douay, avec la brigade Guiomar, de la division Liébert, la réserve d'artillerie du 7me corps, et l'artillerie de la division Dumont, arriva à Sedan vers 5 heures du matin et alla s'installer sur le plateau de l'Algérie.

La brigade de la Bastide, de la division Liébert, qui avait d'abord suivi la colonne du général Douay s'en sépara, en arrivant à Pont-Maugis, pour passer la Meuse par le viaduc du chemin de fer ; elle gagna ainsi Bazeilles qu'elle traversa et s'avança jusqu'aux glacis de Sedan où elle stationna longuement.

Les troupes du général Douay se trouvèrent ainsi fort dispersées pendant une grande partie de la journée du 31 août. Ce ne fut qu'au cours de l'après-midi que les éléments restés jusqu'alors à l'est de Sedan vinrent rallier les fractions qui s'étaient établies sur le plateau de l'Algérie avec le quartier général ; quelques-uns même, la brigade Bordas entre autres, ne rejoignirent que dans la nuit.

Pendant que le 7me corps se reconstituait peu à peu, le général Douay ayant constaté l'apparition de l'ennemi sur la rive gauche de la Meuse, vers Donchery, décida de porter ses forces sur les hauteurs de la rive gauche du ruisseau de Floing. Les bivouacs pour la nuit du 31 août au 1er septembre y furent installés dans l'ordre ci-après :

Division Dumont : de la pointe nord du bois de la Garenne à l'auberge du Terme, face au nord ;

Division Liébert : brigade Guiomar, de l'auberge

du Terme, à Floing, face au nord-ouest ; brigade de la Bastide, sur le plateau, entre Floing et Cazal, face à l'ouest ;

Division Conseil-Dumesnil, sur les pentes descendant de l'auberge du Terme vers Cazal, face au nord-ouest ;

Réserve d'artillerie, avec la division Conseil-Duménil ;

Division de cavalerie Ameil, au nord du cimetière de l'Algérie, sa droite au cimetière, face à l'est.

Des tranchées-abris relièrent deux petits bois situés sur la route de la ferme de Quérimont à l'auberge du Terme ; d'autres furent creusées à 200 mètres en avant de la crête, sur les pentes entre l'auberge du Terme et Floing.

Deux bataillons furent détachés dans le bois du Hattoy au nord de Floing.

5ᵐᵉ CORPS. — Le général de Failly, à l'issue de la bataille de Beaumont, avait dirigé les débris de ses troupes vers Carignan ; au reçu de l'ordre du Maréchal de Mac-Mahon, il arrêta le mouvement et fit bivouaquer partie à Sachy, partie à Pouru-Saint-Remy, tout ce qu'il put rallier.

Le 31 août, à 6 heures du matin, le corps d'armée se mit en route pour gagner Sedan. La tête de colonne arriva devant la place vers 9 h. 30 et les divers éléments établirent successivement leurs bivouacs, savoir :

Division Goze et division de l'Abadie d'Aydrun, dans les fossés et sur les glacis de la place, du côté de Fond-de-Givonne. Un régiment de la division Goze, le 11ᵐᵒ de ligne, était détaché à Balan ;

Division Guyot de Lespart et réserve d'artillerie, au Vieux-Camp.

La division de cavalerie Brahaut, qui ne reçut aucun ordre, passa la nuit à Lombut et de grand matin, elle se porta par Brévilly, Villers-Cernay, Givonne et Illy à Fleigneux où elle bivouaqua.

Vers 2 heures de l'après-midi, le général de Wimpffen, qui venait d'arriver de Paris par chemin de fer, se présenta au quartier général du 5me corps et annonça au général de Failly que, par décret, en date du 24 août, il était désigné pour le remplacer au commandement de son corps d'armée. Un peu plus tard la notification officielle de cette mutation fut adressée, par l'état-major général de l'armée, au général de Failly qui se retira alors à Sedan, où il alla rejoindre Napoléon III.

Dans la soirée, le Maréchal de Mac-Mahon mit la division de l'Abadie à la disposition du général Douay pour renforcer le 7mo corps ; cette division qui ne comprenait qu'une brigade, la brigade Kampf, et une seule batterie, vint bivouaquer derrière le 7me corps, au-dessus de Cazal.

1er Corps. — Ce corps d'armée avait passé la nuit, partie à Douzy, partie à Carignan, conformément aux instructions pour la journée du 30. Toutefois, dès le 30 au soir, le général Ducrot avait envoyé à Illy ses bagages et ses convois administratifs.

Le 31, à 3 heures du matin, la réserve d'artillerie se mit en marche vers Sedan, par la grande route. Plus tard, à 8 heures, le général Ducrot quitta Carignan avec les divisions Pellé et de Lartigue, que flanquaient à gauche, la division de cavalerie Michel, du 1er corps, et la division de chasseurs d'Afrique Margueritte. Se dirigeant par Osnes, Messincourt et Pouru-aux-Bois, la colonne atteignit Francheval où elle dut s'arrêter pendant près de 3 heures : des bagages et convois du 5me et du 12me corps, qui se portaient à Sedan par la grande route de Douzy, ayant été canonnés par l'ennemi, s'étaient rejetés vers le nord et encombraient la vallée du ruisseau Magne.

Les divisions Wolff et L'Hérillier, avec la brigade de Septeuil de la division de cavalerie Michel, qui avaient passé la nuit à Douzy, devaient rejoindre la colonne du général Ducrot à Francheval ; mais, sur un ordre direct du Maréchal de Mac-Mahon, elles se portèrent vers Sedan, par Rubécourt, Daigny et Fond-de-Givonne.

Quand le général Ducrot put reprendre sa marche, il se dirigea sur Illy par Villers-Cernay et Givonne. Vers 4 heures de l'après-midi, comme il était à moitié chemin entre Villers-Cernay et Givonne, il reçut du Maréchal l'ordre de suspendre son mouvement sur Illy et de gagner les hauteurs à l'ouest de Daigny et de Givonne où, de leur côté, furent également ment dirigées les divisions Wolff et L'Hérillier.

Le 1er corps prit en conséquence, sur ces hauteurs, ses bivouacs pour la nuit, dans le dispositif suivant : Au nord du coude de la route de Bouillon, la division Wolff, à gauche, la division L'Hérillier au centre, la division de Lartigue, à droite, toutes les trois face à l'est, vis-à-vis de Givonne et de Haybes ;

Au sud du coude de la route de Bouillon, la division Pellé, également face à l'est, vis-à-vis de Daigny ;

Réserve d'artillerie, derrière la division Pellé ;

Division de cavalerie Michel, derrière la division de Lartigue. La brigade de Septeuil n'ayant pu retrouver sa division alla s'installer à l'ouest du bois de la Garenne. Une batterie d'artillerie, qui marchait avec cette brigade, la 1re du 20me régiment, continua sa route en se dirigeant sur Saint-Menges, et de là, sans s'arrêter, elle poussa jusqu'à Mézières où elle arriva dans la soirée.

L'artillerie de la division L'Hérillier, que le Maréchal de Mac-Mahon avait personnellement dirigée sur Sedan, ne put pas non plus retrouver sa division ; elle alla s'établir à Saint-Menges, y passa la nuit, et le 1er septembre au matin elle se mit en route pour aller gagner Mézières, en passant par le territoire belge et Nouzon. Cette artillerie comprenait 3 batteries, 5me, 6me et 9me du 12me régiment.

Le 1er corps fut couvert dans ses bivouacs par 3 détachements, savoir :

Un bataillon franc, laissé par la division Pellé à Villers-Cernay ;

Un bataillon du 3me Turcos, laissé par la division de Lartigue entre Villers-Cernay et Givonne ;

Un bataillon de francs-tireurs de la Seine, attaché au 1er corps, envoyé par le général Ducrot à la Chapelle.

RÉSERVE DE CAVALERIE. — La division de Chasseurs d'Afrique Margueritte, après avoir marché à gauche de la colonne du général Ducrot jusque vers Francheval, continua au-delà son mouvement dans la direction d'Illy et bivouaqua près de ce village.

Quant à la division de cuirassiers de Bonnemains, qui avait passé la nuit à Douzy, elle se mit en marche le 31, à 6 heures du matin, en suivant l'itinéraire : Rubécourt, La Moncelle, Daigny, Givonne, Calvaire d'Illy et Floing où elle s'installa.

12ᵐᵉ Corps. — Après avoir marché toute la nuit par les hauteurs à l'est de Mouzon et d'Amblimont, le 12ᵐᵉ corps atteignit, vers 8 heures du matin, la Chiers, le gros à Douzy, la réserve d'artillerie à Carignan. Le général Douay fit reposer quelque temps sa colonne à Douzy, pour laisser passer des troupes et voitures de tout genre appartenant aux 1ᵉʳ et 5ᵐᵉ corps, ainsi que sa réserve d'artillerie, puis il reprit sa marche vers Bazeilles.

A 10 heures environ, la division d'infanterie de marine de Vassoigne, tête de colonne, était arrivée à Bazeilles ; la division Grandchamp y entrait ; quant à la division Lacretelle, qui se trouvait encore sur la grande route, elle fut tout à coup canonnée par de l'artillerie ennemie en position sur la rive gauche de la Meuse, au nord-ouest de Remilly. Cette division abandonna aussitôt la grande route, se replia vers le nord et se porta par Lamécourt sur Daigny, d'où elle gagna les hauteurs de la rive droite de la Givonne. Les convois du 12ᵐᵉ corps et une partie de ceux du 5ᵐᵉ corps, qui suivaient la division Lacretelle, se rabattirent également vers le nord et allèrent s'entasser à Francheval, comme on l'a vu ci-dessus.

PREMIER COMBAT DE BAZEILLES

Dès que le canon ennemi se fit entendre à Remilly, la brigade Cambriels de la division Grandchamp, qui entrait à ce moment dans Bazeilles, reçut mission de défendre le viaduc du chemin de fer. Le 34me de ligne et les 2 compagnies de chasseurs à pieds de la brigade se portèrent en conséquence vers la Meuse; le 22me de ligne s'établit en réserve au nord-est du village.

Presque simultanément 11 batteries du 12me corps entrèrent en action : une de la division Granchamp, cinq de la division Lacretelle, trois de la division de Vassoigne et deux de la réserve. Ces batteries avaient pris position tout autour de Bazeilles, dans le voisinage des points où elles se trouvaient à ce moment.

De plus, la brigade Bordas, du 7me corps, qui s'était arrêtée à l'est de Bazeilles, ainsi qu'on l'a vu précédemment, déploya un de ses régiments, le 52me, le long de la grande route.

Cependant l'ennemi n'avait ouvert le feu qu'avec deux pièces seulement, lesquelles marchaient avec la pointe d'avant-garde du 1er corps bavarois. Cette avant-garde, partie de Raucourt à 8 heures du matin, s'avançait par Haraucourt et Angecourt sur Remilly. Bientôt donc les forces ennemies allaient s'augmenter progressivement.

Au début du combat qui s'engageait ainsi, les tirailleurs du 34me de ligne purent facilement franchir le viaduc et s'établir sur la rive gauche de la Meuse. Ils s'y maintinrent quelque temps, malgré l'arrivée du gros de l'avant-garde bavaroise, brigade Dietl, et le déploiement de 10 batteries, 4 de la division v. Stephan et 6 de l'artillerie de Corps, sur les hauteurs de Remilly et d'Aillicourt. Mais vers 11 heures ils durent se replier sur la rive droite.

Entre temps, de nouvelles batteries françaises étaient venues prendre part au combat : 2 batteries de la division Conseil-Duménil du 7mo corps, qui se trouvaient alors près de Balan, avaient pris position au nord de ce village ; 2 autres de la division Liébert du même corps, qui s'étaient arrêtées à Bazeilles, se joignirent aux précédentes ; enfin 3 de la réserve d'artillerie du 12mo corps se placèrent, l'une près des glacis de la porte de Balan, les deux autres entre Balan et La Moncelle. Outre ces renforts d'artillerie, le 1er régiment d'infanterie de marine s'établit au nord de Bazeilles, en soutien de la brigade Cambriels.

Jusque vers midi la lutte entre les 10 batteries bavaroises et les 18 batteries françaises, se prolongea, sans que ni d'un côté ni de l'autre, l'infanterie intervint offensivement. Les Français tentèrent de profiter de ce répit momentané pour faire sauter le viaduc du chemin de fer ; des barils de poudre furent apportés dans ce but sur le tablier du pont. Mais les Bavarois s'aperçurent de ces préparatifs et, alors, le 9mo bataillon de chasseurs fut lancé à l'attaque du pont.

Deux compagnies, refoulant les tirailleurs français, s'engagent sur le tablier, s'emparent des barils de poudre, les vident dans la Meuse ; puis, poussant en avant, elle prennent pied sur la rive droite. En même temps, le 2mo bataillon de chasseurs franchit la Meuse, au moyen du bac en amont du viaduc, et vient renforcer le 9mo sur la rive droite : tous deux marchent sur le village de Bazeilles où bientôt ils parviennent à pénétrer.

A cette attaque le général Lebrun répond en

donnant l'ordre au général de Vassoigne de dégager Bazeilles. Celui-ci n'a sous la main que la brigade Martin des Pallières établie sur les hauteurs à l'ouest de La Moncelle ; sa deuxième brigade Reboul est encore en marche de Lamécourt sur La Moncelle. Il porte en avant la brigade des Pallières formée sur deux lignes ; dès le début du mouvement le général des Pallières tombe blessé ; le général de Vassoigne se met alors à la tête de la brigade et fait exécuter par le premier régiment, 2ᵐᵉ d'infanterie de marine, tout entier, une charge à la baïonnette qui chasse définitivement les Bavarois du village. Ils se retirent toutefois lentement et ce n'est que vers 3 h. 30 qu'ils repassent la Meuse, les uns par le bac, les autres par le viaduc du chemin de fer dont ils barricadent l'extrêmité.

Le combat se réduisit alors à une canonnade qui incendia une quarantaine de maisons à Bazeilles.

Les Français mirent le village en état de défense et essayèrent de nouveau de faire sauter le viaduc ; mais on ne put disposer que de poudres avariées incapables de produire un effet utile.

Après le combat de Bazeilles, le 12ᵐᵉ corps prit pour la nuit la formation ci-après :

Division de Vassoigne : Brigade des Pallières (actuellement colonel Alleyron) : 3ᵐᵉ régiment d'infanterie de marine à Bazeilles ; 2ᵐᵉ régiment à la côte 194, nord du village. — Brigade Reboul, au nord de cette cote ;

Division Lacretelle : Brigade Louvent, sur la hauteur de la rive droite de la Givonne, à droite de la division Pellé du 1ᵉʳ corps, vis-à-vis la petite Moncelle, face à l'Est ; — brigade Marquisan, près de la lisière sud-est du bois de la Garenne, en 2me ligne, vis-à-vis l'intervalle entre les divisions de Lartigue et L'Hérillier du 1er Corps ;

Division Grandchamp, sur les glacis nord-est de la place de Sedan, près la porte de Bouillon. Un régiment, le 22me de ligne, séparé de cette division avait 2 bataillons avec la brigade Louvent ; le reste du régiment se trouvait avec la division de l'Abadie du 5me Corps ;

Réserve d'artillerie : 4 batteries seulement étaient avec le 12me Corps, les 4me du 8me régiment, 8me et 9me du 12me et 1re du 19me, campées entre les divisions Lacretelle et Grandchamp. Les 10 autres batteries se trouvaient avec le 7me corps, entre Floing et Cazal ;

Divisions de Cavalerie de Salignac-Fénelon et Lichtlin réunies, au Fond-de-Givonne.

Le quartier général du Maréchal de Mac-Mahon était à Sedan, où se trouvait également l'Empereur Napoléon III. Celui-ci avait quitté Mouzon dans l'après-midi du 30 août et s'était porté à Carignan, sans être d'ailleurs renseigné sur les péripéties de la bataille qui se livrait à Beaumont. De Carignan, il se rendit le soir même, par chemin de fer, à Sedan où il s'installa à la Sous-Préfecture.

La place de Sedan, commandée par le général de Beurmann, avait pour garnison un dépôt de cuirassiers, quelques artilleurs et des gardes nationaux, en tout environ 2.000 hommes. Comme c'était bien insuffisant pour pourvoir à la défense, quelques troupes furent détachées de l'armée afin de garnir les remparts, savoir :

360 zouaves du 3me régiment, arrivés le jour même, 31 août, par chemin de fer, à Sedan, pour renforcer leur corps, furent affectés à la défense de la porte de Paris ;

Un bataillon du 83me de ligne, fourni par le 7me corps, fut réparti entre la porte d'Iges, celle de Balan et la citadelle ;

Une centaine de canonniers, prélevés dans diverses batteries, furent chargés de servir l'artillerie de la place qui se composait d'une quinzaine de pièces de divers modèles.

Les magasins de la place contenaient environ 200.000 rations de vivres. Un train de chemin de fer qui en apportait 800.000 arriva dans la journée du 31 à la gare ; mais ayant reçu quelques obus ennemis, il retourna incontinent à Mézières.

Par contre, les munitions étaient relativement abondantes ; il existait en magasin 1.160.000 cartouches et 5.600 coups de canon ; en outre, un approvisionnement supplémentaire de 2.640.000 cartouches et de 12.500 coups de canon était arrivé à Sedan, le 30 août.

Les effectifs des différents corps de l'armée de Châlons, dans la soirée du 31 août, étaient approximativement les suivants, en ce qui concerne les combattants :

1er Corps :	23.000 fusils	2.000 sabres	99 canons
5me »	12.000 »	1.000 »	63 »
7me »	21.000 »	1.500 »	83 »
12me »	28.000 »	3.000 »	147 »
Réserve de Cavalerie :		3.500 »	11 »
TOTAL :	84.000 fusils	11.000 sabres	403 canons
	95.000 combattants		

En y comprenant les non-combattants et la garnison de Sedan, l'effectif total des rationnaires était d'environ 120.000 hommes.

Ces hommes étaient, pour la plupart, exténués par les marches, les contremarches et les alertes des jours et des nuits antérieurs, par les privations que causait l'irrégularité des distributions, par le mauvais temps, par le désarroi qui s'était étendu partout. Au moral, ils étaient aussi déprimés qu'au physique et, parmi leurs chefs, plus d'un s'était, comme eux, laissé atteindre par le découragement.

Pourtant, cette torpeur accablante qui semblait devoir les terrasser, beaucoup surent la secouer au moment de la crise suprême ; on vit alors renaître l'énergie, la vaillance, le dévouement qui ne sauraient s'éteindre dans l'âme française.

II. — Mouvements des Armées Allemandes

Tandis que l'armée de Châlons venait se masser à Sedan, les colonnes allemandes s'avançaient en convergeant vers la Meuse, celles de la 3me armée, prince royal de Prusse, par le sud, celles de l'armée de la Meuse, prince royal de Saxe, par l'est.

3me ARMÉE. — Il a déjà été dit, ci-dessus, que l'avant-garde du 1er Corps bavarois, brigade Dietl, arrivée à Remilly vers 10 heures du matin, avait aussitôt attaqué le 12me Corps français, qu'elle avait pu pénétrer momentanément dans Bazeilles, mais qu'elle en avait été rejetée et que, vers 3 h. 30, elle avait dû repasser sur la rive gauche de la Meuse.

Pendant ce combat, le gros du 1er Corps bavarois,

qui était parti de la Besace, marcha par Raucourt sur Remilly. Vers 5 heures du soir, il s'installa : la Division v. Stephan à Pont-Maugis, Aillicourt et Remilly ; la Division Schumacher avec la brigade de cuirassiers v. Tausch, à Angecourt.

L'équipage de pont du Corps d'Armée, amené à Aillicourt, y jeta deux ponts de bateaux sur la Meuse, dans l'après-midi.

Les 10 batteries, 4 de la division v. Stephan et 6 de l'artillerie de corps, qui avaient participé au combat de Bazeilles, restèrent, pour la nuit, en position sur les hauteurs d'Aillicourt.

Derrière le 1er Corps bavarois, le 2me se porta de Sommauthe à Raucourt où il s'établit au bivouac, en détachant les 4 batteries de la division v. Walther auprès de celles du 1er Corps, sur les hauteurs d'Aillicourt.

Avant l'arrivée des Bavarois à Remilly, cette localité avait été traversée par la 4me Division de Cavalerie, prince Albrecht de Prusse, père, laquelle était partie de Verrières à 5 heures du matin et avait marché vers la Meuse par Stonne et Raucourt. De Remilly, la division se dirigea sur Wadelincourt où elle reçut quelques projectiles partis des remparts de Sedan. Elle obliqua alors à l'Ouest sur Frénois, d'où elle chassa quelques tirailleurs français, et canonna la gare de Sedan, dans laquelle débarquaient, à ce moment, les 360 zouaves qui arrivaient pour renforcer le 3me régiment. Ces zouaves répondirent par leur feu à la canonnade de la 4me division de cavalerie, qui se replia alors sur Donchery. Elle y cons-

tata que la ville n'était pas occupée et que le pont de
la Meuse était intact. On avait bien envoyé de Sedan
une compagnie du génie pour le faire sauter ; mais
le train de chemin de fer qui l'avait amenée était
parti pour Mézières, après l'avoir débarquée, empor-
tant tout le matériel, poudre et outils.

Après avoir reconnu Donchery, la division se
fractionna pour aller s'établir, partie à Villers-sur-
Bar, partie à Noyers et partie à Chaumont-Saint-
Quentin, couvrant ainsi le débouché sur la Meuse
du 11ᵐᵉ corps prussien.

Ce corps d'armée s'était mis en marche à 6 heures
du matin, la division v. Schachtmayer, de Stonne
par Chémery et Chéhéry sur Donchery, la division
v. Schkopp, de la Berlière sur Chémery et Cheveuges.

En arrivant à Donchery, la division v. Schachtmayer fit occuper, sur la rive droite de la Meuse,
Vrigne-Meuse et le moulin Rigas ; puis, après avoir
dispersé quelques tirailleurs français, elle fit sauter
le pont du chemin de fer près de la Marnière. En
même temps, ses pionniers construisaient un pont
de chevalets sur la Meuse, en aval du pont de Donchery, vis-à-vis l'auberge de Condé. Ces opérations
ayant été terminées vers 3 heures de l'après-midi, la
division s'installa à Donchery, Frénois et Cheveuges.

La division v. Schkopp ayant dû s'arrêter a Chémery, pour laisser passer le 5ᵐᵉ corps prussien qui
croisait son itinéraire, n'arriva qu'à 9 heures du soir
à Cheveuges où elle s'installa.

Quant au 5ᵐᵉ corps prussien, qui venait de la
Besace, où il avait passé la nuit au bivouac, derrière
le 2ᵐᵉ corps bavarois, il continua après Chémery

vers le nord et prit des cantonnements à Omicourt, Chéhéry, Connage et Bulson.

Derrière lui, à Chémery, s'installa la 2ᵐᵉ division de Cavalerie zu Stollberg - Vernigerode, venue d'Osches.

A l'aile gauche de la 3ᵐᵉ armée, la division wurtembergeoise v. Obernitz, se porta de Verrières, par la Berlière, la Neuville-à-Maire et Vendresse, à Boutancourt, poussant son avant-garde vers Flize. Quelques fractions d'infanterie et de cavalerie françaises, venues de Mézières à Flize, se retirèrent, sous le canon des Wurtembergeois, de cette localité où ceux-ci s'installèrent.

Les autres éléments de la 3ᵐᵉ armée, 6ᵐᵉ corps, 5ᵐᵉ et 6ᵐᵉ divisions de cavalerie, dirigés vers Rethel et Reims couvraient, à l'ouest, son flanc gauche.

ARMÉE DE LA MEUSE. — Le 30 août, au soir, le 4ᵐᵉ corps prussien s'établit au bivouac sur les positions qu'il avait conquises pendant la bataille de Beaumont. Le 31, il fut maintenu dans la même situation, remplaçant toutefois ses bivouacs par des cantonnements où il put se reposer des fatigues de la veille. La brigade v. Zychlinski, qui occupait le faubourg de Mouzon sur la rive gauche de la Meuse et qui avait vainement essayé de franchir le pont pour entrer dans la ville, y pénétra à 6 heures du matin et s'y installa, après que les Français l'eurent complètement évacuée.

Le 12ᵐᵉ corps saxon s'était établi à Létanne, sa sa division de cavalerie zur Lippe, à Pouilly.

Le corps de la Garde prussienne campait à Beaumont. Un détachement de pionniers, envoyé à Létanne, y jeta, pendant la nuit, un pont de bateaux sur la Meuse.

A 8 heures du matin, le 31 août, la division de cavalerie saxonne zur Lippe et celle de la Garde v. der Goltz, se mirent en marche. La première se porta de Pouilly à Moulins et à Vaux ; là, vers 10 heures, elle tira quelques coups de canon sur les dernières troupes françaises qui sortaient de Carignan. Puis elle se porta à Amblimont, d'où elle canonna Douzy que les Français évacuaient. Elle gagna alors ce village et poussa, vers Bazeilles, un régiment de hulans qui dut rétrograder sous le feu de deux escadrons de dragons français ayant mis pied à terre. Un autre régiment, de Reiter, poussé par Brévilly vers Pouru-Saint-Remy, se heurta à un parti d'infanterie française, qui lui fit aussi rebrousser chemin.

La division de cavalerie de la Garde, après avoir passé la Meuse au pont de bateaux de Létanne, marcha sur Sailly où elle arriva également vers 10 heures et d'où elle lança quelques obus sur les mêmes troupes françaises que la division saxonne. Elle se dirigea ensuite sur Carignan qu'elle occupa, vers midi, et poussa un escadron de hulans vers Clémency ; cet escadron délogea du village un détachement de chasseurs à cheval français.

Le 12ᵐᵉ corps saxon se mit en mouvement à 9 heures. Il passa la Meuse au pont de bateaux de Létanne et marcha vers Douzy que la division Nehrhoff v. Holderberg atteignit à 3 heures de l'après-midi environ. L'avant-garde dispersa les fractions françaises qui se trouvaient encore à Pouru-Saint-Remy, Rubécourt et Francheval. Le corps d'armée s'établit alors, pour la nuit, la division v. Holderberg, à Douzy et Brévilly, la division v. Montbé, à Tétaigne et Lombut, l'artillerie de corps à Mairy, la division de cavalerie zur Lippe, à Amblimont.

Quant à la Garde prussienne, qui passa aussi la Meuse à 9 heures du matin, par le pont de Pouilly, elle forma deux colonnes, l'une par Autreville et Vaux, l'autre par Malandry et Sailly. Après avoir passé la Chiers, elle vint, tard dans la soirée, prendre les cantonnements suivants :

Division v. Pape: Pouru-Saint-Remy et Escombres, avec avant-postes allant de Francheval, par Pouru-aux-Bois, jusqu'à la frontière belge ;

Division v. Budritzki : Osnes, Sachy, Messincourt et Pure ;

Artillerie de corps : Carignan ;

Division de Cavalerie v. der Goltz : Carignan et Matton.

Le Grand Quartier général des armées allemandes, où se trouvaient, avec le roi Guillaume de Prusse, le chef d'Etat-Major général de Moltke et le chancelier Bismarck, s'installa à Vendresse et La Cassine.

Les effectifs des différents corps, en ne comptant que ceux qui prirent part à la bataille de Sedan, et en ce qui concerne les combattants, étaient approximativement les suivants, dans la soirée du 31 août :

	Fusils	Sabres	Canons
Corps de la Garde............	17.000	4.000	90
4me Corps prussien.........	17.000	1.000	84
5me Corps »	15.000	1.000	84
11me Corps »	18.000	1.000	83
12me Corps saxon............	22.000	3.000	96
1er Corps bavarois.........	17.000	2.000	96
2me Corps »	14.000	2.000	90
Division wurtembergeoise...	12.000	1.000	54
2me Division de cavalerie prussienne.		3.000	12
4me Division de cavalerie prussienne.		3.000	12
Total...................	132.000	21.000	701

153.000 combattants

A la grande supériorité numérique dont ils disposaient ainsi, les Allemands ajoutaient non seulement des forces physiques ménagées avec soin et des forces morales exaltées par leurs succès, mais encore la prédominance matérielle de leurs canons, dont la puissance dépassait de beaucoup celle des canons français.

Matinée du 1ᵉʳ Septembre

I. — L'Armée Française prend ses Positions de Combat

Au lever du jour, le 1ᵉʳ septembre, un brouillard épais couvrait la vallée de la Meuse et les abords de Sedan ; néanmoins la division bavaroise v. Stéphan franchit la rivière à 4 heures du matin, la brigade v. Orff, par le viaduc du chemin de fer, la brigade Dietl par les ponts jetés à Aillicourt. Le 9ᵐᵉ bataillon de chasseurs qui marchait en tête de la brigade v. Orff s'avança sans rencontrer de résistance jusque dans la grande rue de Bazeilles ; mais là, vers 4 h. 15, il fut arrêté par le feu d'une compagnie du 3ᵐᶜ régiment d'infanterie de marine, embusquée derrière une barricade, et dut se rejeter dans les ruelles latérales, en attendant l'arrivée des troupes qui le suivaient.

Le bruit de la fusillade, qui éclatait ainsi à Bazeilles, détermina les différents corps français à prendre les armes et à occuper leurs positions de combat, généralement voisines des emplacements où ils avaient passé la nuit.

L'ensemble du dispositif se présentait comme il suit :

1° A L'Est de Sedan

12ᵐᶜ Corps, LEBRUN. — Division de Vassoigne, face au Sud ; brigade Alleyron : 3ᵐᶜ régiment d'infanterie de marine, dans Bazeilles ; 2ᵐᶜ régiment, près de la cote 194. Brigade Reboul, à 300 mètres nord-est de cette cote. Deux batteries de la réserve d'artillerie du 12ᵐᵉ corps, au nord de Bazeilles ; une autre batterie de cette réserve au nord-est de Balan.

Division Lacretelle, face à l'Est ; brigade Louvent, déployée sur les hauteurs de la rive droite de la Givonne, le 14ᵐᵉ de ligne, à droite, au sud de la route de Balan à La Moncelle, les 22ᵐᵉ et 20ᵐᵉ au centre, au nord de cette route, le 31ᵐᵉ à gauche, s'étendant jusque vers la Rapaille. Brigade Marquisan, rassemblée au sud-est du bois de la Garenne. 12 batteries en ligne sur la crête, derrière les 20ᵐᵉ et 31ᵐᵉ régiments, savoir : 3 de la division de Vassoigne, 5 de la division Lacretelle, 3 de la division Grandchamp et 1 de la réserve d'artillerie du 12ᵐᵉ corps.

Division Grandchamp, rassemblée sur les glacis nord-est de la place de Sedan.

Divisions de cavalerie de Salignac-Fénelon et Lichtlin réunies, déployées sur une ligne, face au Sud-Est, entre le Fond-de-Givonne et la cote 215, nord-est de Balan.

1ᵉʳ Corps, DUCROT. — Division Pellé, face à l'Est, au sud du coude de la route de Bouillon, formée sur deux lignes, par brigades successives, derrière une ligne de 7 batteries, 3 de la division et 4 de la réserve d'artillerie du 1ᵉʳ corps, prolongeant jusqu'au coude de la route de Bouillon la ligne des 12 batteries du 12ᵐᵉ corps. En avant de ces batteries, en tirailleurs, 4 compagnies du 16ᵐᵉ bataillon de chasseurs à pied et 4 compagnies du 78ᵐᵉ de ligne, vis-à-vis de Daigny.

Division de Lartigue, rassemblée au nord du coude de la route de Bouillon, face à l'Est.

Division Wolff, sur deux lignes, par brigades successives, face à l'Est, vis-à-vis de Givonne, son artillerie réduite à 2 batteries, à la cote 293, couvertes par le 13ᵐᵉ bataillon de chasseurs à pied. Quelques travaux de campagne avaient été exécutés pour renforcer la position.

Division l'Hérillier, massée en arrière de la division Wolff, contre le bois de la Garenne.

Les 3 batteries restant disponibles de la réserve d'artillerie du 1ᵉʳ corps étaient placées derrière la division Pellé.

La division de cavalerie Michel était rassemblée dans le vallon au sud de la ferme des Triples-Levrettes, moins la brigade de Septeuil qui n'avait pas rallié et se trouvait à la ferme de la Garenne.

2º Au Nord-Ouest de Sedan

Division de chasseurs d'Afrique MARGUERITTE, en position, face à l'Est, entre Illy et le bois de la Garenne, sa droite appuyée au bois.

7ᵐᵉ *Corps*, DOUAY. — Division Dumont, déployée sur une ligne, face au Nord-Ouest ; à droite, la brigade Bordas, ayant le 72ᵐᵉ de ligne appuyé au bois de la Garenne, et le 52ᵐᵉ tenant le premier des deux petits bois situés sur le chemin de la ferme de Quérimont à Floing ; à gauche, la brigade Bittard des Portes, ayant le 82ᵐᵉ de ligne entre le premier et le deuxième petit bois, le 83ᵐᵉ tenant ce deuxième petit bois. Une batterie de la division était en position au premier petit bois, les deux autres batteries restaient en réserve près de la ferme de la Garenne.

Division Liébert : brigade Guiomar, déployée, le

5ᵐᵉ de ligne, face au Nord-Ouest, entre le deuxième petit bois et l'auberge du Terme, le 37ᵐᵉ ayant un bataillon dans les jardins au sud-est de Floing, les deux autres bataillons en potence sur la crête du plateau 238, vis-à-vis du village de Floing. La brigade de Labastide rassemblée à 200 mètres en arrière de l'auberge du Terme. Une batterie de la division était en position à la cote 238. Les deux autres batteries qui s'étaient égarées après le combat de Bazeilles auquel elles avaient pris part, le 31 août, n'avaient pu retrouver leur division et avaient passé la nuit au nord de Balan.

Division Conseil-Duménil, rassemblée en réserve, face au Nord-Ouest, le long du chemin de Cazal à Illy, sa droite appuyée au bois de la Garenne.

La réserve d'artillerie du 7ᵐᵉ corps et 10 batteries de la réserve du 12ᵐᵉ corps, qui étaient venues se joindre au 7ᵐᵉ corps, se tenaient rassemblées au sud-est de l'auberge du Terme.

La division de cavalerie Ameil était massée près du cimetière, au sud de l'Algérie.

Les deux bataillons qui avaient occupé pendant la nuit le bois du Hattoy, au nord de Floing, furent rappelés et rallièrent leurs régiments à 6 heures du matin.

La division de cuirassiers de Bonnemains évacua de bon matin le village de Floing et se retira dans le vallon au sud du plateau côté 238.

5ᵐᵉ *Corps*, DE WIMPFFEN. — Ce corps formait réserve, au Vieux-Camp. La division Goze occupait les anciens ouvrages en ruines qui se trouvaient sur cet emplacement ; la division Guyot de Lespart était répartie le long des chemins couverts du front nord de la place de Sedan. La réserve d'artillerie du 5ᵐᵉ corps était avec la division Goze.

Là division de l'Abadie d'Aydrein, affectée comme soutien au 7ᵐᵉ corps, prit position à 800 mètres environ à l'ouest de la ferme de la Garenne, face au Vieux-Camp : un bataillon du 22ᵐᵉ de ligne, qui n'avait pas rallié le 12ᵐᵉ corps, se trouvait avec cette division.

Quant à la division de cavalerie Brahaut, qui ne reçut aucun ordre, elle quitta Fleigneux où elle avait passé la nuit, pour se mettre à la recherche de son corps d'armée. Après avoir erré de côté et d'autre sans le trouver, elle finit par rejoindre la division Margueritte, entre 10 et 11 heures du matin. Elle ne comprenait d'ailleurs que deux régiments, 12ᵐᵉ chasseurs et 5ᵐᵉ lanciers ; le 5ᵐᵉ hussards se trouvait réparti entre les divisions d'infanterie et le quartier général du 5ᵐᵉ corps, et le 3ᵐᵉ lanciers était à Metz, avec la brigade Lapasset, de la division de l'Abadie, qui, par suite, se réduisait à une seule brigade, colonel Kampf.

II. — Deuxième Combat de Bazeilles

Tandis que l'armée française prenait ses positions de combat, la lutte engagée à Bazeilles augmentait rapidement d'intensité.

Le 9ᵐᵉ bataillon de chasseurs bavarois, qui avait dû momentanément se tenir sur la défensive, put bientôt reprendre l'offensive par suite de la prompte arrivée des troupes qu'il précédait. Le 2ᵐᵉ régiment bavarois, déployant ses compagnies de manière à envelopper le village à l'ouest, au sud et à l'est, ne tarde pas à y pénétrer sur divers points. Puis, successivement, interviennent dans la lutte les autres éléments de la brigade v. Orff, ainsi que ceux de la brigade Dietl.

Le 3ᵐᵉ régiment d'infanterie de marine fut d'abord seul à soutenir le combat. Pendant une heure environ il l'entretient vigoureusement, en se répartissant dans les maisons, les enclos et les jardins. Une action décousue se développe ainsi de tous côtés, avec des alternatives qui amènent peu à peu une grande confusion et la rupture des liens tactiques.

Vers 5 h. 15, le 2ᵐᵉ régiment, qui était venu prendre une nouvelle position entre Balan et Bazeilles, à cheval sur la grande route, fait exécuter par un bataillon une charge à la baïonnette, dans le secteur ouest de Bazeilles ; avec le concours de fractions du 3ᵐᵉ régiment entraînées par cette charge on parvient à forcer les Bavarois à céder presque partout le terrain.

A peu près en même temps, la brigade Reboul s'avance, marchant droit devant elle, au sud ; elle porte le 4ᵐᵉ régiment, déployé en bataille, avec drapeau flottant et au son de la *Marseillaise*, contre le secteur est du village. Un de ses bataillons charge également à la baïonnette et oblige aussi, de ce côté, les Bavarois à évacuer une partie du secteur.

Mais ces succès partiels ne sont qu'éphémères ; les Bavarois, renforcés par de nouveaux arrivants reprennent bientôt pied sur le terrain perdu.

A 6 heures environ, le brouillard ayant diminué,

l'artillerie de corps du 1er corps bavarois, en position depuis la veille sur les hauteurs d'Aillicourt, ouvre le feu et balaye les abords de Bazeilles, du côté français. Pour lui répondre, les 3 batteries de la réserve du 12me corps affectées à la division de Vassoigne entrent aussitôt en action ; malgré leur infériorité numérique et matérielle, elles peuvent cependant soutenir le combat assez longtemps, la distance de 3.000 mètres qui les sépare des batteries bavaroises, et la brume encore assez dense sur la Meuse, leur assurant une sécurité relative.

Cependant, dans Bazeilles et les jardins qui l'entourent, la lutte se poursuit entre l'infanterie de marine et les Bavarois de la division v. Stephan, violente et opiniâtre, mais en désordre, par groupes combattant chacun pour son compte, sans liaison les uns avec les autres, de sorte que nulle part on n'aboutit à un résultat décisif. Sur deux points, l'action devient particulièrement énergique, au coude de la route de Sedan à Douzy, et à la villa Beurmann. Les Bavarois s'y font appuyer par du canon amené jusque dans le village ; mais les servants sont assez vite mis hors de combat.

Vers 7 heures, la division v. Stephan, jusqu'alors seule engagée, reçoit un important renfort par l'arrivée des troupes de la division Schumacher. Cette division, qui a passé la Meuse aux ponts d'Aillicourt, porte la brigade Heyl à la gare de Bazeilles et établit l'autre brigade v. der Tann en réserve, sur la rive gauche de la Givonne, près de son confluent avec la Meuse. De la gare, le 1er bataillon de chasseurs bavarois s'avance par la lisière orientale du village vers le parc de Montvillers ; une partie du bataillon y pénètre par une brèche de la muraille, malgré la résistance de tirailleurs d'infanterie de marine postés aux abords du château, tandis que le reste du bataillon continue sur La Moncelle. Les deux régiments, 3me et 12me, de la brigade Heyl, suivant le 1er bataillon de chasseurs, viennent se déployer, partie dans le parc de Montvillers, partie sur la rive gauche de la Givonne au nord du parc, et se joignent ainsi aux troupes du 12me corps saxon qui, entre temps, sont arrivées sur le ruisseau et occupent La Moncelle.

A peu près au même moment, la division Vassoigne se trouve aussi renforcée. Sur la demande du général Lebrun, le commandant du 1er corps d'armée met à sa disposition la brigade Carteret-Trécourt, de la division l'Hérillier. Cette brigade arrive vers 7 heures et prend position au nord-est de Balan, sur le revers occidental de la croupe cotée 215. Mais elle a subi de fortes pertes pendant son mouvement sous le feu des batteries bavaroises d'Aillicourt. Le général Lebrun ne la fait d'ailleurs pas intervenir directement à Bazeilles, où l'infanterie de marine continue à soutenir à elle seule, jusque vers 9 h. 30, une lutte acharnée, toujours aussi confuse, avec des alternatives de succès et de revers partiels et locaux, sans qu'une solution définitive se produise ni d'un côté ni de l'autre.

III.. — L'Armée de la Meuse arrive sur la Givonne

L'avant-garde du 12me corps saxon, composée des 105me et 107me régiments d'infanterie, du 13me bataillon de chasseurs et d'une batterie de la division Nehrhoff v. Holderberg, qui était partie de Douzy à 5 heures du matin, arriva à Lamécourt vers 6 heures. De ce point, elle dirigea un de ses régiments, le 107me, sur La Moncelle, en même temps qu'elle portait sa batterie à la cote 233, nord-est de ce village.

La batterie ayant ouvert le feu sur les pentes de la rive droite de la Givonne, le 107me occupa sans difficulté La Moncelle, d'où se retirèrent quelques patrouilles envoyées par la brigade Louvent. Les Saxons se relièrent alors aux Bavarois venus de Montvillers, comme on l'a vu ci-dessus, tandis que deux batteries bavaroises de la division Schumacher prenaient position à gauche de la batterie saxonne et joignaient leur feu au sien. A ces 3 batteries répondirent, de leur mieux, les 5 batteries de la division Lacretelle, sans pouvoir d'ailleurs, malgré leur supériorité numérique, prendre l'avantage, en raison de l'infériorité de leur matériel.

Le général Lebrun, en présence de cette situation, voulut faire charger les batteries ennemies par sa cavalerie. L'officier porteur de l'ordre envoyé à cet effet alla, par erreur, s'adresser au général Michel qui mit en mouvement la brigade de lanciers de Nansouty. Cette brigade passa la Givonne à Daigny et s'avança vers La Moncelle, mais elle s'arrêta bientôt, revint sur ses pas, et rejoignit sa division vers 8 heures du matin.

Cependant les batteries allemandes devenaient de plus en plus nombreuses: les 3 dernières batteries de la division v. Holderberg et 6 batteries de l'artillerie de corps saxonnes se déployèrent successivement sur la crête cotée 233, au nord-ouest du bois Chevalier, en sorte que 12 batteries se trouvèrent ainsi en action pour contrebattre les 12 batteries en position sur la crête couverte par les 20me et 31me de ligne. La lutte ne pouvait être égale : à partir de 8 h. 15 environ, les batteries françaises ne continuèrent leur feu qu'au prix de lourdes pertes.

Durant le combat d'artillerie qui se poursuivit alors, le 107me saxon ne dépassa pas la Givonne, se contentant d'entretenir une fusillade de pied ferme avec les tirailleurs de la brigade Louvent. Ce régiment n'avait pu être renforcé, car le reste de l'avant-garde et le gros de la division v. Holderberg étaient engagés dans une autre action comme on va le voir ci-dessous.

Combat entre le Bois Chevalier et le Bois de Villers-Cernay

Tandis que le 107me Saxon se dirigeait de Lamécourt sur La Moncelle, l'autre régiment d'avant-garde, le 105me, se portait vers Daigny en longeant les lisières sud et ouest du bois Chevalier. Par ce mouvement, il arriva en présence d'une colonne française qui s'avançait sur le chemin de Daigny à Villers-Cernay. C'était la brigade Fraboulot de Kerléadec avec l'artillerie de la division de Lartigue. Le général Ducrot avait chargé le général de Lartigue de se porter, avec ces troupes, en soutien du bataillon du 3me Turcos détaché depuis la veille sur le chemin de Daigny à Villers-Cernay et d'occuper le terrain qui domine Daigny à l'Est.

Un combat partiel s'engagea ainsi, vers 6 h. 30,

dans la zone comprise entre le bois Chevalier et le bois de Villers-Cernay. Pendant une heure environ, il resta, en général, à l'avantage des Français. Mais le 107me Saxon fut bientôt renforcé par l'infanterie du gros de la division v. Holderberg, et les batteries de cette division installées sur la croupe côtée 233 tournèrent leur feu contre celles de la division de Lartigue.

Les Français durent donc finalement se mettre en retraite.

L'artillerie, très éprouvée, gagna Daigny d'où elle se porta, par Givonne, au Calvaire d'Illy. La plus grande partie du 56me de ligne se rallia sur les pentes au Nord-Ouest de Daigny. Le bataillon du 3me Turcos gagna les hauteurs à l'Ouest de Haybes. Le 1er bataillon de chasseurs à pied vint prendre position au Nord du coude de la route de Bouillon. Quant au 3me Zouaves, ce régiment se trouva séparé en deux fractions : l'une, la plus faible, vint se joindre à la brigade Carrey de Bellemare ; l'autre, avec le drapeau et quelques groupes du 1er bataillon de chasseurs à pied et du 56me de ligne, gagna Olly, puis, en longeant la frontière belge, elle atteignit, par les Hautes-Rivières et Monthermé, la place de Rocroi, où elle arriva le lendemain 2 septembre, à 11 heures du soir. De là, ces troupes se rendirent à Hirson et s'embarquèrent en chemin de fer pour Paris.

Vers 9 h. 45, les Français étaient tous repassés sur la rive droite de la Givonne, à l'exception de quelques fractions du 56me et des Turcos qui se maintinrent à Haybes. Au cours de la retraite, le général de Lartigue fut blessé par trois éclats d'obus.

Le terrain étant ainsi dégagé devant eux, les Saxons occupèrent Daigny, mais ils ne dépassèrent pas, de suite, la Givonne. Ils s'étendirent le long de la rive gauche du ruisseau, par la petite Moncelle jusqu'à La Moncelle, et, de même que le 107me aux abords de ce village, ils se bornèrent, pour le moment, à entretenir une active fusillade contre les tirailleurs français postés sur l'autre rive. Ceux-ci étaient fournis par le 31me de ligne qu'était venu renforcer, depuis 9 heures environ, le 58me de la division Grandchamp, ainsi que par les compagnies du 16me bataillon de chasseurs à pied et du 78me de ligne qui couvraient les batteries établies devant la divison Pellé.

Cependant, des renforts ne cessaient d'arriver aux Allemands. D'une part, la brigade bavaroise v. der Tann, restée jusqu'alors en réserve au confluent de la Givonne et de la Meuse, s'était avancée, par l'Est de Bazeilles, vers La Moncelle, et les deux batteries divisionnaires, qui se trouvaient avec elle, s'étaient jointes aux deux autres déjà en position à la gauche des batteries saxonnes. D'autre part, la division saxonne v. Montbé qui avait atteint le Rulle vers 8 h. 45, avait dirigé la brigade v. Sedlitz-Gerstenberg contre Montvillers et porté 2 batteries à côté des batteries bavaroises, tandis que la brigade Garten, avec deux autres batteries, était tenue en réserve au Rulle.

Les Français, de leur côté, avaient aussi reçu du renfort vers 9 heures, la brigade Marquisan, appelée par le général Lebrun, avait quitté son point de rassemblement au Sud-Est du bois de La Garenne et était venue prendre position au nord du coude de la route de Bouillon, vis-à-vis de Haybes, à la gauche du 31ᵐᵉ de ligne. A peu près en même temps, le bataillon du 22ᵐᵉ qui se trouvait avec la division de l'Abadie, était venu rallier son régiment à la brigade Louvent.

L'arrivée de ces renforts détermina quelques mouvements offensifs partiels de la part des troupes de la brigade Louvent. Des tirailleurs du 20ᵐᵉ et du 22ᵐᵉ de ligne franchirent la Givonne et obligèrent, par leur feu, quelques batteries saxonnes à changer de position. D'autres tirailleurs du 14ᵐᵉ de ligne, s'avançant dans le parc de Montvillers, firent aussi reculer, par leur feu, des batteries bavaroises. Ces succès isolés restèrent d'ailleurs stériles. Les 16 batteries ennemies n'en continuèrent pas moins un tir écrasant et il fallut bientôt regagner la rive droite de la Givonne, où des 12 batteries françaises qui avaient entrepris la lutte, il n'y en avait plus que 6 en état de continuer le feu ; encore combattaient-elles moins avec l'espoir de produire un effet utile que pour soutenir, autant que possible, le moral de l'infanterie.

Au nord de Haybes, sur la rive droite de la Givonne, les troupes du 1ᵉʳ Corps d'Armée restèrent dans l'inaction pendant les premières heures de la matinée. Ce ne fut que vers 8 h. 30, que l'artillerie de la division Wolff ouvrit le feu pour riposter à des batteries que la Garde prussienne installait, à ce moment, à la lisière du bois Chevalier.

La division v. Pape de la Garde s'était mise en marche à 4 h. 30 du matin, se portant, par Pouru-aux-Bois, sur Villers-Cernay ; le reste du Corps d'Armée se dirigeait sur le même point par Francheval.

Vers 7 h. 30, l'avant-garde, composée du régiment de fusiliers, du bataillon de chasseurs et du régiment de hussards, prit pied sur les hauteurs à l'Ouest de Villers-Cernay ; puis les hussards s'avancèrent au Nord, sur le chemin de la ferme de la Virée, tandis que l'infanterie, laisant un bataillon de fusiliers dans le bois de Villers-Cernay, cheminait le long de ce bois, en refoulant les dernières fractions des troupes du général de Lartigue en retraite. Les chasseurs de la Garde se rapprochèrent ainsi de Haybes et prirent position sur les pentes au Nord-Est de ce hameau. Un bataillon de fusiliers poussa vers Givonne ; l'autre s'établit à la pointe Sud-Ouest du bois de Villers-Cernay.

Pendant que ces mouvements s'exécutaient, l'artillerie de la division v. Pape vint se déployer à la cote 321, pointe nord du bois de Villers-Cernay, et vers 8 h. 30, elle commença à canonner la division Wolff, comme il vient d'être dit ci-dessus.

A peu près en même temps, la division v. Budritzky arrivait à Villers-Cernay d'où elle se porta au bois Chevalier ; son artilllerie prit position à la cote 276, entre ce bois et celui de Villers-Cernay, et ouvrit le feu contre la division Pellé et les autres troupes françaises placées à l'Ouest de Haybes et de Daigny.

Un peu plus tard, l'artillerie du corps de la Garde qui avait suivi la division v. Budritzky, s'établit à la cote 321, auprès des batteries de la division v. Pape. Alors, une pluie de projectiles s'abattit sur les positions françaises, où les troupes la reçurent stoïquement, sans bouger pour la plupart. La brigade du Portis du

Houlbec de la division Wolff, seule, se reporta en arrière, pour s'abriter dans le bois de La Garenne. Le 1er Turcos, de la brigade Gandil, recula aussi, mais de 300 mètres environ seulement, et après avoir perdu 17 officiers et plus de 200 hommes.

Aux 15 batteries de la Garde prussienne répondaient de leur mieux les 12 batteries françaises de la rive droite de la Givonne, savoir : 3 de la division Pellé, déployées au Sud du coude de la route de Bouillon, 7 de la réserve d'artillerie du 1er Corps et 2 de la division Wolff au Nord de ce coude. Ce combat d'artillerie se prolongea jusque vers midi, sans que, ni d'un côté, ni de l'autre, l'infanterie intervint d'une manière bien active. Toutefois, le bataillon de fusiliers de la Garde prussienne qui s'avançait vers Givonne, prit pied dans le village à 10 heures environ, les tirailleurs du 18me de ligne ne lui ayant opposé qu'une faible résistance, mais là aussi, il ne dépassa pas le ruisseau. De même, vers 11 heures, le bataillon de chasseurs et celui de fusiliers qui était à la pointe Sud-Ouest du bois de Villers-Cernay, occupèrent Haybes en refoulant les fractions du 56me de ligne et du 3me Turcos qui s'y étaient maintenus jusqu'alors. D'autres part, quelques faibles fractions du 1er Corps français tentèrent des mouvements offensifs partiels, sans liaison et sans appui, qui furent bien vite arrêtés.

COMBAT DE LA CHAPELLE

Les hussards de la Garde prussienne qui s'étaient détachés de l'avant-garde de la division v. Pape, en arrivant à Villers-Cernay, pour se porter au Nord, atteignirent rapidement la ferme de la Virée ; mais là, ils furent arrêtés par le feu des francs-tireurs de la Seine établis à La Chapelle.

Le bataillon de fusiliers resté dans le bois de Villers-Cernay se porta alors à l'attaque de ce village.

Les francs-tireurs, bien barricadés, se défendirent vigoureusement jusque vers 11 heures. A ce moment, les batteries de la cote 321 ayant appuyé de leur feu le bataillon de fusiliers, la résistance ne put se prolonger d'avantage. Les francs-tireurs se mirent en retraite par la route de Bouillon. En atteignant la frontière, ils y rencontrèrent des troupes d'observation belges et furent désarmés par elles.

Après l'évacuation de La Chapelle, le village fut occupé par une compagnie de fusiliers, et les hussards de la Garde allèrent battre les bois dans la direction d'Olly.

IV. Changement dans le Commandement
de l'Armée Française

A 5 heures du matin, le Maréchal de Mac-Mahon monta à cheval et sortit de Sedan, après avoir chargé le sous-chef d'état-major général, lieutenant-colonel Tissier, de rassembler le convoi du quartier général et de le tenir prêt à s'acheminer sur Mézières. Se dirigeant vers Bazeilles, le Maréchal traversa Balan et de là, par la route de La Moncelle, il monta vers la cote 194 où il s'arrêta quelque temps pour observer l'ennemi. Continuant ensuite son chemin, comme il arrivait, vers 6 heures, près de la Platinerie, il fut blessé par un éclat d'obus et perdit connaissance. Revenu à lui, il désigna le général Ducrot pour le remplacer au commandement en chef et se fit ramener à Sedan.

Les officiers envoyés au général Ducrot pour l'informer de sa désignation, commandant Riff et capitaine Kessler, ne parvinrent à le trouver que vers 8 heures, sur la hauteur à l'ouest de Givonne. Le nouveau commandant en chef décida aussitôt de concentrer l'armée sur le plateau d'Illy, en vue de préparer et d'assurer la retraite sur Mézières, si, comme il le craignait, elle devait devenir nécessaire. Comme, à ce moment, l'ennemi n'avait pas encore paru en forces au nord-ouest de Sedan, la retraite vers Mézières ne lui semblait pas compromise.

Ses ordres furent expédiées vers 8 h. 30, sans que l'empereur Napoléon III eût été consulté, ni même prévenu.

Le Souverain était monté à cheval à 6 heures et, se dirigeant vers Bazeilles, il avait rencontré le Maréchal de Mac-Mahon, ramené blessé à Sedan. Il avait ensuite vu le général de Vassoigne, qui l'avait renseigné sur la situation à Bazeilles, puis il s'était porté sur les hauteurs au nord de Balan, où il resta assez longuement. De là, il aperçut le mouvement de retraite entamé par l'infanterie de marine, vers 9 h. 30, en exécution des ordres du général Ducrot, et fit demander des explications à ce sujet, au nouveau commandant en chef par un de ses officiers d'ordonnance, le capitaine d'Hendecourt. Cet officier ayant été tué en chemin, l'Empereur ne put recevoir les explications qu'il attendait. Il descendit alors à Fond-de-Givonne, et là, ayant rencontré le général de Wimpffen, il fut mis par lui au courant de la situation nouvelle qui venait de se produire, comme on va l'exposer ci-dessous. Après cet entretien, Napoléon III rentra à Sedan ; il se rendit d'abord auprès du Maréchal de Mac-Mahon, puis il se retira à la Sous-Préfecture et n'en sortit plus de la journée.

En quittant Paris, le 29 août, pour venir remplacer le général de Failly au commandement du 5me corps, le général de Wimpffen était pourvu d'une lettre du Ministre de la guerre lui conférant le commandement en chef de l'armée de Châlons pour le cas où il arriverait malheur au Maréchal de Mac-Mahon. Ce fut seulement vers 9 heures du matin, par conséquent trois heures après la blessure du Maréchal, que le général de Wimpffen fit valoir ses droits. Par un billet au crayon il avertit le général Ducrot de sa prise de commandement et l'invita à suspendre la retraite qu'il avait prescrite. Le général Ducrot étant accouru pour protester contre cette suspension, il lui renouvela verbalement sa décision et lui intima l'ordre de reprendre ses positions primitives.

Outre la division de Vassoigne qui, comme on va le voir, s'était mise en retraite vers 9 h. 30, deux brigades d'infanterie, les brigades Gandil et Lefebvre, ainsi qu'une partie de la réserve d'artillerie du 1er corps avaient, à ce moment, commencé à se replier. Le général Ducrot, déférant à l'ordre du général de Wimpffen, arrêta aussitôt leur mouvement. Mais les divisions de cavalerie Michel et de Salignac-Fénelon, qui s'étaient aussi mises en marche vers Illy, ne reçurent pas de contre-ordre et continuèrent leur chemin.

Après son colloque avec le général Ducrot, le général de Wimpffen se mit à la recherche de l'Empereur qu'il rencontra, comme on l'a dit ci-dessus, à Fond-de-Givonne. Puis il alla rejoindre le général Lebrun pour lui donner l'ordre de reprendre Bazeilles ; mais il était désormais trop tard : la division de Vassoigne avait évacué le village et ne se trouvait plus en état de faire l'effort nécessaire pour y rentrer.

V. — Évacuation de Bazeilles

Ainsi qu'on l'a déjà indiqué plus haut, c'est vers 9 h. 30 que, conformément à l'ordre du général Ducrot, l'infanterie de marine commence à se retirer de Bazeilles, où jusqu'alors elle s'est maintenue vaillamment. A ce moment, quelques retours offensifs partiels viennent d'être exécutés avec assez de succès ; la rupture général du combat peut donc avoir lieu dans des conditions relativement favorables.

Le général Reboul, rassemblant tout ce qu'il peut des 1er et 4me régiments, les déploie en bataille, au nord du village, puis il se replie par échelons, en bon ordre, vers Fond-de-Givonne. Diverses fractions, qui ne sont pas parvenues à rallier la brigade, se retirent isolément vers Balan. Quelques-unes, cernées dans des maisons du village, n'ont d'autre ressource que de continuer désespérément la résistance ; mais elles ne tardent guère à succomber.

Le 2me régiment, de la brigade Alleyron, dont la majeure partie se trouve engagée entre le village et la cote 160, aux abords de la villa Beurmann, peut aussi se reconstituer à peu près autour du drapeau ;

conduit par un capitaine, car les officiers supérieurs sont hors de combat, il suit la brigade Reboul vers Fond-de-Givonne. Une fraction du régiment, combattant à Montvillers, prend isolément la même direction, emmenant avec elle les deux batteries de la réserve d'artillerie du 12ᵐᵉ corps postées vers la cote 194. La troisième batterie de cette réserve peut se maintenir dans sa position au-dessus de Balan.

Quant à l'autre régiment de la brigade Alleyron, le 3ᵐᵉ d'infanterie de marine, une partie seulement parvient à se dégager et à gagner Fond-de-Givónne. Le reste ne peut sortir de Bazeilles et y prolonge quelque temps la résistance, de concert avec les débris des 3 autres régiments.

A partir de 10 heures, les Bavarois peuvent ainsi faire des progrès sensibles à Bazeilles et à Montvillers. Vers 10 h. 45, le village presque tout entier est occupé par eux. Ils n'ont plus à triompher que de quelques groupes isolés dont la lutte ne peut plus être longue.

Parmi ces groupes, il y a lieu de signaler spécialement celui qui occupe la maison Bourgerie, dite actuellement « Maison des dernières cartouches. » Là, se sont rassemblés une cinquantaine d'hommes de divers régiments et 7 officiers : commandant Lambert, capitaines Aubert, Bourgey, Delaury, Picart ; sous-lieutenants Saint-Félix et Escoubet.

Sous la direction du commandant Lambert qui, quoique blessé, a organisé la défense, ces braves soutiennent une lutte acharnée. Les Bavarois doivent amener du canon pour surmonter leur résistance qui se prolonge jusqu'à épuisement total des munitions. Vers midi, n'ayant plus un coup de fusil à tirer, il faut bien se rendre. Les Bavarois se ruent alors sur les défenseurs dont la vie n'est sauvée que grâce à la généreuse intervention d'un de leurs assaillants, le capitaine Lissignolo.

Quand les Bavarois furent maîtres de Bazeilles, ils procédèrent à une destruction générale et méthodique du village par le feu ; 363 maisons furent incendiées à la main, avec du pétrole, des bougies placées sous les lits, des allumettes, etc. Il ne resta que 23 maisons debout, y compris les châteaux, villas et écarts du voisinage. De plus, les Bavarois se livrèrent à divers actes de violence contre les habitants, dont quelques-uns, il est vrai, s'étaient armés pour défendre leurs biens. Il y eût 43 personnes des deux sexes tuées, dont plusieurs fusillées.

La retraite de la division de Vassoigne fut couverte, en partie, par la brigade Carteret-Trécourt, établie, comme on l'a dit précédemment, au nord-est de Balan. Après s'être reformée à Fond-de-Givonne, la division se porta au Vieux-Camp, où elle resta au repos.

Les Bavarois ne poursuivirent guère l'infanterie de marine ; la lutte qu'ils avaient soutenue durant de longues heures les avait amenés à un état de confusion tel qu'il leur fallut interrompre momentanément leurs progrès pour se réorganiser. Quelques compagnies seulement s'avancèrent à l'ouest, jusqu'au chemin qui, de la sortie est de Balan, monte au nord-est, au-dessus de la cote 194, et elles s'arrêtèrent là.

VI. — Progrès des Allemands au Nord de Bazeilles

Par suite de l'évacuation de Bazeilles, le 14ᵐᵉ de ligne se trouva découvert sur son flanc droit, au moment où entraient en ligne, comme on l'a vu précédemment, la brigade bavaroise v. der Tann et la brigade saxonne v. Seydlitz.

Soutenus par la brigade v. der Tann, 3 bataillons de la brigade Heyl se portèrent en avant, à gauche et à droite de la route de La Moncelle à Balan ; simultanément, un bataillon du 107ᵐᵉ saxon marcha de La Moncelle vers la cote 194, tandis que 2 bataillons du 102ᵐᵉ, entrés dans le parc de Montvillers, se dirigèrent également vers cette cote.

Malgré la supériorité numérique des forces qui l'assaillaient ainsi et les projectiles dont l'accablait l'artillerie ennemie, le 14ᵐᵉ de ligne soutint vigoureusement la lutte. A 11 h. 30 environ, seulement, il se mit en retraite vers le nord-ouest, entraînant avec lui le 22ᵐᵉ de ligne qui combattait à sa gauche. Pour faciliter cette retraite, pendant laquelle fut blessé le général Cambriels, qui en avait pris la direction, le 20ᵐᵉ de ligne exécuta un vigoureux retour offensif par lequel l'ennemi fût momentanément tenu à distance ; puis ce régiment se retira à son tour, découvrant la droite des 31ᵐᵉ, 56ᵐᵉ et 58ᵐᵉ de ligne, lesquels purent néanmoins se maintenir dans leurs positions, en face de la Petite Moncellé et de Daigny, jusque vers une heure de l'après-midi, grâce à l'appui de la brigade Marquisan, dont le feu empêcha l'ennemi de franchir la Givonne à Daigny, et au concours de grosses fractions des 14ᵐᵉ et 20ᵐᵉ de ligne, qui s'arrêtèrent dans leur retraite et s'établirent, en crochet défensif, face au Sud, leur gauche vers la droite du 31me.

La retraite des 14me, 22me et 20me de ligne entraîna naturellement celle des 6 batteries qui se trouvaient encore en action derrière ces régiments, comme il a été dit précédemment. De ces 6 batteries, 4, appartenant à la division Lacretelle allèrent prendre de nouvelles positions au nord de Balan ; les 2 autres, appartenant à la division Grandchamp, se retirèrent à Fond-de-Givonne.

Le 22me de ligne alla rejoindre, près de la ferme de la Garenne, le 34me, second régiment de la brigade Cambriels. Ce dernier corps de troupe avait exécuté pendant la matinée, par suite de divers ordres et contre-ordres, une série de marches et de contre-marches, à travers et autour de Fond-de-Givonne qui avaient fini par l'amener à la ferme de la Garenne.

Malgré l'abandon, par les Français, des hauteurs de la rive droite de la Givonne entre la route de La Moncelle à Balan et Daigny, les Allemands ne se hâtèrent pas d'occuper les positions évacuées.

Pourtant, leurs forces s'augmentaient de plus en plus. Vers 10 heures, l'avant-garde de la division v. Schœler, du 4me corps prussien, après avoir passé la Meuse aux ponts d'Aillicourt, atteignit la gare de Bazeilles et, de là, elle posta à La Moncelle un bataillon du 71me thuringien. A peu près simultanément la division v. Gross v. Schwartz-Koppen, du même corps, qui avait marché par Mairy, commençait à se rassembler à Lamécourt. Enfin, l'artillerie de corps du 4me corps relevait, sur les hauteurs d'Ailli-

court, rive gauche de la Meuse, les batteries bavaroises qui pouvaient alors aller rejoindre leurs
troupes à Bazeilles et environs.

Plus au nord, la situation telle qu'elle a été indiquée ci-dessus, ne se modifia que vers 11 h. 30. A ce
moment, les 12 batteries du 1er corps français, écrasées par le feu adverse, durent entamer leur retraite
sur Sedan.

L'infanterie de la Garde prussienne se mit alors
en mouvement. La division v. Budritzki dirigea la
brigade v. Berger sur Daigny, pour renforcer les
Saxons qui ne pouvaient toujours pas déboucher du
village ; le 2me grenadiers y entra ; le 4me resta en
deuxième ligne, à l'est. La division v. Pape porta le
reste de la brigade v. Medem à Givonne et à Haybes,
d'où furent délogées les fractions du 56me de ligne et
du 3me turcos qui avaient pu s'y maintenir
jusqu'alors. En même temps, la division de cavalerie
v. der Goltz s'avança vers la route de Givonne à la
Chapelle.

VII. — La 3me Armée Allemande
arrive sur la ligne Floing-Olly

Tandis que le 1er corps bavarois et l'armée de la
Meuse attaquaient l'armée française du côté de l'est,
la 3me armée allemande dessinait une autre attaque
au nord-ouest de Sedan.

Le 11me corps prussien, qui s'était mis en marche
à 2 h. 45 du matin, vint franchir la Meuse aux ponts
de Donchery et de l'auberge de Condé. Dès 5 heures,
il était presque tout entier sur la rive droite. Il se

porta alors vers le nord en 3 colonnes ; à droite la brigade Grollmann, sur Montimont ; au centre la brigade v. Thiele, la brigade Marshall v. Bieberstein et l'artillerie de corps sur Briancourt ; à gauche, la brigade v. Kontzki sur Vrigne-aux-Bois. Chaque brigade avait avec elle deux batteries divisionnaires. Les 3 colonnes atteignirent à peu près simultanément, vers 7 h. 15, leurs destinations respectives.

Le 5me corps prussien quitta ses cantonnements à 2 h. 15 du matin. Son avant-garde déboucha sur la Meuse vers 3 h. 45 et jeta rapidement un pont en aval de celui de l'auberge de Condé, à une cinquantaine de mètres de distance. Elle franchit la Meuse par ce pont et marcha sur Vivier-au-Court, qu'elle atteignit également vers 7 h. 15. Le gros du corps d'armée utilisa, pour passer la rivière, le pont de Donchery avec celui qu'avait jeté son avant-garde. Il en résultat des croisements entre les troupes des deux corps d'armée ; deux régiments du 11me corps, le 80me hessois et le 94me thuringien se trouvèrent ainsi coupés de leur brigade et durent rester en arrière.

La division wurtembergeoise v. Obernitz, venue de Boutancourt à Dom-le-Mesnil, y jeta un pont et passa la Meuse vers 6 heures du matin. Elle se porta ensuite à Vivier-au-Court, où elle fut rejointe par la 2me division de cavalerie v. Stollberg-Wernigerode. Elle prit alors position sur les hauteurs de la rive droite de la Vrigne, face à Mézières, pour couvrir le flanc gauche des 5me et 11me corps.

Les colonnes de ces deux corps continuèrent leur marche en se dirigeant toutes simultanément vers le défilé de la Falizette, ce qui occasionna un nouvel enchevêtrement et, par suite, la dislocation de divers éléments, particulièrement pour le 11me corps.

La brigade Grollmann, moins le 80me hessois, déboucha la première du défilé et se porta sur Saint-Albert. Les hussards qui étaient en tête reçurent quelques coups de fusils, d'ailleurs sans effet, tirés par des paysans de Saint-Menges. Le 87me nassauvien se déploya en avant de Saint-Albert, et attendit ainsi l'arrivée des autres troupes.

Ce furent des éléments du 5me corps qui suivirent d'abord ; ceux-ci, sans pousser jusqu'à Saint-Albert, gravirent les pentes du Champ-de-la-Grange.

Vers 9 heures, de nouvelles fractions du 11me corps ayant dépassé Saint-Albert, le 87me nassauvien occupa Saint-Menges, et porta 2 compagnies à l'est de ce village vers la cote 264, ainsi que 3 autres compagnies vers le bois du Hattoy et le village de Floing. Ni le bois, ni le village n'étant gardés, ces compagnies s'y établirent aisément, une dans le bois, deux dans le village. En même temps, 3 batteries, dont 2 de la division v. Schkopp et une de l'artillerie de corps du 11me corps, prirent position auprès du bois du Hattoy, à la cote 260. Ces batteries entamèrent aussitôt la lutte contre les batteries françaises établies, au-dessus de Floing, sur le plateau coté 238. Celles-ci, au nombre de 8, comprenaient une batterie de la division Liébert, une de la réserve d'artillerie du 7me corps et 6 de la réserve d'artillerie du 12me. Elles furent bientôt renforcées par 7 autres batteries, dont 4 de la réserve du 7me corps et 3 de la réserve du 12me. Dans ces conditions, en raison de leur grande supériorité numérique, le combat d'artillerie fut d'abord à l'avantage des Français. Mais, à partir de 9 h. 45 environ, la situation se modifia notablement, par suite de l'entrée en action de 7 batteries, dont 2 de la division v. Schachtmeyer, et 5 de l'artillerie de corps du 11me corps, qui vinrent se déployer à gauche des 3 autres, sur la crête allant du bois du Hattoy à la croisée de chemins à l'est de Saint-Menges. Un peu plus tard, les deux dernières batteries de la division v. Schachtmeyer et celles de la division v. Schokp vinrent encore se placer à la gauche de cette ligne, en sorte que toute l'artillerie du 11me corps, soit 14 batteries, foudroya bientôt les batteries françaises. Celles-ci ne purent dès lors continuer la lutte qu'au prix de lourdes pertes, d'autant plus qu'elles furent en outre prises d'enfilade et à revers par des batteries que l'ennemi établit sur la rive gauche de la Meuse, au nord du parc de Bellevue, comme on le fera voir plus loin.

Pendant que l'artillerie du 11me corps couvrait ainsi de projectiles le plateau de la cote 238, l'infanterie de ce corps d'armée venue par Saint-Albert se déployait progressivement.

Le 83me hessois, de la brigade v. Bieberstein, porte un bataillon au bois du Hattoy et les deux autres à mi-distance entre ce bois et Saint-Menges. Le 88me nassauvien, de la brigade v. Thiele, dont 2 bataillons seulement sont arrivés en ligne, établit l'un au bois du Hattoy et engage l'autre au nord-est de Saint-Menges, sur le chemin de Fleigneux. Le 82me hessois, de la même brigade, pousse 6 compagnies au bois du Hattoy et les 6 autres sur le chemin de Saint-Menges à Illy, à la gauche de la ligne des batteries.

D'autre part, le 5me corps, dont les éléments s'étaient successivement rassemblés au Champ de la Grange, au fur et à mesure de leur arrivée, prenait les dispositions suivantes :

L'avant-garde, formée par la brigade Walther v. Montbary et 2 batteries, fait prendre position à ces deux batteries, vers 9 h. 15, au nord-est de Saint Menges. Puis, vers 10 h. 30, l'artillerie de corps, comprenant 6 batteries escortées par un régiment de hussards, vient s'établir au sud-est de Fleigneux, sur la croupe cotée 264, face à Illy, en profitant de la protection que lui apportent les éléments du 11me corps en marche vers Fleigneux et Illy. Elle y est bientôt rejointe par les deux batteries de l'avant-garde, puis par les deux autres batteries de la divi-v. Schmidt.

L'infanterie de la brigade v. Montbary reste d'ailleurs au Champ de la Grange, La brigade v. Henning auf Schœnhof, en arrivant ensuite, se porte à Saint-Menges et s'y établit en réserve.

Du côté français, lorsque l'attaque qui se préparait ainsi commença à se dévoiler, le général Douay fit exécuter quelques mouvements à ses troupes, pour se mettre en mesure d'y faire face.

La brigade Bordas, de la division Dumont, serrant à droite, occupe toute la lisière nord-ouest du bois de la Garenne ; la brigade Bittard des Portes de la même division se porte, en réserve, à la lisière sud

du bois ; l'artillerie divisionnaire s'établit, également
en réserve, près de la ferme de la Garenne.

La division Conseil-Duménil se forme sur deux
lignes ; la première, comprenant le 99me et une partie
du 21me régiment, est déployée le long du chemin de
la ferme de Quérimont à l'auberge du Terme ; la 2me
ligne, à 300 mètres en arrière de la 1re, comprend le
reste de l'infanterie de la division. Les batteries
divisionnaires se répartissent sur le front de la première ligne, avec des soutiens fournis par le 17me
bataillon de chasseurs à pied.

La division de l'Abadie du 5me corps, exécutant un
changement de front, face à l'Ouest, prend position
au nord-ouest de la ferme de la Garenne.

Quand à la division Liébert, aucune modification
n'est apportée aux dispositions prises antérieurement.

Pendant qu'il faisait opérer ces mouvements, le
général Douay fut informé du remplacement du
Maréchal de Mac-Mahon par le général Ducrot au
commandement en chef de l'armée ; mais, soit qu'il
n'ait pas reçu communication de l'ordre prescrivant
la concentration de toutes les troupes à Illy, soit
pour tout autre motif, il ne changea rien aux mesures qu'il était en train de prendre.

De même que celles qui, à l'est de Sedan, étaient
déployées sur les hauteurs de la rive droite de la
Givonne, les troupes du 7me corps, au nord-ouest de
la place, subirent en général, sans bouger, le feu des
batteries adverses, se laissant décimer ainsi avec
résignation.

Toutefois, à Illy et à Floing, aux deux extrémités

de la ligne, se produisirent, comme on va l'exposer, deux engagements isolés d'une certaine importance, l'un de cavalerie, l'autre d'infanterie.

Première Charge des Chasseurs d'Afrique

Vers 9 h. 30, les 6 compagnies du 82ᵐᵉ hessois, qui s'avançaient sur le chemin de Saint-Menges à Illy, atteignirent la cote 264, tandis que les 2 compagnies du 87ᵐᵉ nassauvien s'ébranlaient pour descendre, de ce point, dans le vallon du ruisseau d'Illy.

Le général Margueritte, dont la division se trouvait entre Illy et le bois de la Garenne, face à l'Est, lui avait fait prendre une nouvelle formation, en colonne par régiments, face à l'Ouest, dès qu'il avait aperçu le déploiement de l'artillerie ennemie au bois du Hattoy. Lorsqu'il vit arriver l'infanterie vers la cote 264, il résolut de la faire charger par sa 1ʳᵉ brigade, que commandait le général de Galliffet, promu à ce grade par le même décret, daté de Raucourt, 30 août, qui lui avait à lui-même conféré les étoiles de divisionnaire.

Sur son ordre, le 3ᵐᵉ chasseurs d'Afrique, tête de colonne, part en fourrageurs, droit devant lui, et s'élance contre les 2 compagnies du 87ᵐᵉ nassauvien qui vont atteindre le chemin de Floing à Illy. Leurs tirailleurs acceuillent la charge en ouvrant sur elle le feu à 50 mètres ; mais ils ne peuvent l'arrêter. Quelques officiers traversent leur ligne ; les fourrageurs la débordent à droite et à gauche ; mais les uns et les autres tombent alors sous le feu des soutiens postés dans les broussailles parsemées sur les pentes de la rive droite du ruisseau d'Illy, ainsi que sous les coups dirigés contre eux par une compagnie du 82me hessois, établie à la cote 264, et par une autre, du 87me nassauvien, déployée à la lisière du bois du Hattoy. Il faut donc revenir en arrière, et les débris du régiment viennent se rallier sur la position d'où l'on est parti, entre Illy et le bois de la Garenne ; un tiers de l'effectif et 9 officiers sont restés sur le terrain.

Le 4me chasseurs d'Afrique s'est porté en avant pour appuyer le 3me ; mais l'artillerie ennemie y cause de tels ravages que le colonel le ramène au calvaire d'Illy.

Le 1er régiment tente de déboucher par le village d'Illy ; mais il doit aussi renoncer à pousser plus loin et vient rejoindre les deux autres près du calvaire, où la brigade de Gallifet se reforme devant la brigade Tilliard qui n'a pas pris part à l'action.

Du côté allemand, les 2 compagnies du 87me nassauvien sont arrêtées dans leur mouvement par le feu des tirailleurs français garnissant la lisière nord-ouest du bois de la Garenne. Elles remontent alors vers Fléigneux, couvrant le déploiement des batteries du 5me corps qui arrivent à ce moment.

Elles sont bientôt renforcées, pour cette mission de protection, par 5 des compagnies du 82me hessois en marche de Saint-Menges vers Illy ; la sixième compagnie continue à s'avancer vers l'est dans la direction d'Olly.

COMBAT DE FLOING

Pendant que ces événements se passaient à l'extrême droite du 7me corps, l'infanterie du 11me corps prussien continuait à s'accumuler sur la ligne Floing-Fleigneux.

Trois compagnies du 11ᵐᵉ bataillon de chasseurs hessois et un bataillon du 80ᵐᵉ fusiliers hessois vinrent renforcer les troupes postées au bois du Hattoy, la 4ᵐᵉ compagnie du 11ᵐᵉ bataillon de chasseurs, s'avançant jusqu'à la lisière nord du village de Floing. Les deux autres bataillons du 80ᵐᵉ fusiliers s'établirent à Saint-Menges, relevant ainsi les 6 compagnies du 87ᵐᵉ nassauvien qui se portèrent alors à Fleigneux, auprès des deux qui avaient soutenu le choc des chasseurs d'Afrique ; 5 de ces 8 compagnies continuèrent ensuite à s'avancer vers Olly.

A 10 h. 30, environ, le 83ᵐᵉ hessois, préalablement rassemblé derrière le bois du Hattoy se porta en avant et vint occuper le village de Floing qui, jusqu'alors, n'était tenu que par 2 compagnies du 87ᵐᵉ nassauvien. Il y fut suivi par une partie des troupes qui se trouvaient dans le bois du Hattoy et en avant, savoir : une compagnie du 87ᵐᵉ nassauvien, 2 du 82ᵐᵉ hessois et le 11ᵐᵉ bataillon de chasseurs hessois.

Se voyant ainsi en forces dans le village de Floing, l'ennemi entreprit d'en déboucher vers 11 heures. Des fractions du 83ᵐᵉ hessois dépassant la lisière sud-est commencèrent à gravirent les pentes de la croupe cotée 238.

En présence de cette attaque, le colonel de Formy de la Blanchetée, du 37ᵐᵉ de ligne, entraînant les 1ᵉʳ et 2ᵐᵉ bataillons de son régiment, se porte vigoureusement vers Floing. Les premières maisons du village sont conquises, et alors s'engage un combat local qui se prolonge, pendant à peu près une heure, avec des alternatives diverses. Mais de nouveaux renforts arrivent aux Allemands. Ce sont d'abord, à 11 h. 45 à peu près, 2 bataillons du 46ᵐᵉ silésien du 5ᵐᵉ corps prussien, puis le 5ᵐᵉ bataillon de chasseurs silésien, du même corps. Dans ces conditions, le 37ᵐᵉ ne peut plus soutenir longuement la lutte ; son colonel est d'ailleurs blessé ; il lui faut donc abandonner le village et revenir sur sa position primitive.

L'ennemi ne le poursuivit pas ; il se borna, pour le moment, à s'établir solidement sur la lisière, au pied des hauteurs.

Évacuation du Plateau d'Illy

On a vu, ci-dessus, qu'après la charge du 3ᵐᵉ chasseurs d'Afrique la division Margueritte s'était reformée près du calvaire d'Illy. Un peu plus tard, la division de cavalerie Brahaut vint la rejoindre, comme on l'a dit précédemment, et se plaça en échelons, derrière elle. Puis, la brigade de Septeuil, qui n'avait pu rallier la division Michel, arriva aussi et s'établit à droite des chasseurs d'Afrique.

Vers 10 h. 30, le général Michel, avec ses deux autres brigades, et le général de Salignac-Fénelon, avec les deux divisions de cavalerie du 12ᵐᵉ corps, qui s'étaient mis en marche en exécution de l'ordre de concentration du général Ducrot, atteignirent également le calvaire. Le général de Salignac-Fénelon prit position à droite de la division Margueritte ; quant au général Michel, après avoir rallié la brigade de Septeuil, il continua sa marche en se dirigeant vers Olly.

Comme la division approchait de ce village, elle fut assaillie par la fusillade de détachements du 87ᵐᵉ nassauvien qui s'avançaient vers le même point. Le général Michel se jeta alors dans les bois où ses troupes se dispersèrent, et son convoi tomba aux mains de l'ennemi. Suivi seulement par la brigade de lanciers de Nansouty et par 2 escadrons du 10ᵐᵉ dragons, il put gagner la frontière belge qu'il longea en se dirigeant vers l'ouest. Près de Corbion, il fut rejoint par les deux régiments de la brigade de Septeuil. La colonne traversa ensuite Sugny, en tertoire belge et, se rabattant par Pussemange, elle rentra en France, à Gespunsart, d'où elle atteignit Charleville à 6 heures du soir. Le général de Septeuil, séparé de sa brigade, erra dans les bois, accompagné de quelques officiers et cavaliers ; il finit par pénétrer en Belgique et y fut arrêté. Le 8ᵐᵉ cuirassiers et les 2 escadrons du 10ᵐᵉ dragons, qui n'avaient pas suivi le général Michel, rétrogradèrent sur Sedan et allèrent se joindre à la division de cuirassiers de Bonnemains, près de Cazal.

Peu de temps après que la division Michel eût quitté le calvaire d'Illy, l'artillerie du 5ᵐᵉ corps prussien, déployée sur la crête cotée 264, ouvrit le feu sur la cavalerie qui restait accumulée aux abords de ce calvaire. Ecrasée par ce feu, elle se replia précipitamment. C'est alors que le général Tilliard fut tué et que le colonel de Bauffremont prit le commandement de la 2ᵐᵉ brigade de la division Margueritte. Cette division se replia par le bois de la Garénne et se reforma d'abord dans la clairière de Quérimont ; mais elle fut délogée par les obus ennemis et continua vers le sud. A midi, environ, elle prit position, face à l'Ouest, entre la lisière sud du bois et le Vieux-Camp, formée sur deux colonnes, la brigade de Bauffremont à droite, le 1er hussards en tête, suivi du 6me chasseurs à cheval, la brigade de Galliffet à gauche, le 1er chasseurs d'Afrique en tête, suivi du 3me et de quelques fractions du 4me. Le reste de ce dernier régiment, séparé de la brigade, se perdit dans le bois, et ne la rallia plus dans la journée.

La division de Salignac-Fénelon se dirigea d'abord vers Olly, mais elle rétrograda ensuite, traversa le bois de la Garenne et gagna la ferme du même nom. Toutefois, un régiment, le 7me chasseurs à cheval, parvint, par les bois, à Sugny, en territoire belge, et de là, marcha par Sécheval sur Rocroi, où il arriva le lendemain matin. En outre, 2 escadrons de lanciers, un du 1er et un du 7me régiment, se jetèrent en Belgique et furent désarmés à Corbion par les troupes d'observation.

Quant à la division Brahaut, elle se porta aussi dans les bois d'Olly et chercha à gagner Mézières en longeant la frontière ; mais elle fut poursuivie et attaquée par des partis de cavalerie allemande. Le général Brahaut fut fait prisonnier avec les fractions qui le suivaient ; le général de Bernis, avec d'autres fractions, parvint à échapper aux poursuivants et à atteindre Mézières, le 2 septembre. Le gros des deux régiments de la division, 12me chasseurs et 5me lanciers, put passer par le territoire belge et gagner Renwez, où il arriva dans la journée du 2.

Dès que la cavalerie eut évacué le plateau d'Illy, la brigade d'infanterie Bordas, découverte sur sa droite, recula à l'intérieur du bois de la Garenne où elle se dispersa, ne laissant à la lisière que quelques tirailleurs des 72me et 52me de ligne, plus énergiques que les autres.

Ainsi, vers midi, Illy, le calvaire et la pointe nord du bois de la Garenne se trouvèrent dépourvus de défenseurs. Dès lors, rien ne pouvait plus empêcher les troupes du 11me corps prussien de s'établir à Olly et de se relier, sur la haute Givonne, à celles du corps de la Garde. L'enveloppement de l'armée française était donc consommé.

VIII. — Liaison des deux Attaques allemandes au Sud de Sedan

Dans la zone comprise entre Pont-Maugis et Donchery qui séparait, au sud de Sedan, les attaques dirigées par l'est et par l'ouest contre l'armée française, la liaison fut établie par le 1er corps bavarois.

Ce corps d'armée s'était mis en marche à 3 h. 45 du matin sur deux colonnes : la division v. Walther, se dirigeant vers Noyers, la division v. Bothmer, avec l'artillerie de corps, vers Frénois.

Quand le canon se fit entendre du côté de la Givonne, le général v. Hartmann qui marchait avec la colonne de gauche, prenant avec lui l'artillerie de corps et un régiment de chevau-légers, se porta à vive allure à Frénois et déploya ses batteries sur les hauteurs à l'est de ce village, leur droite à la cote 255. A 8 h. 45 environ, elles ouvrirent, sur Sedan, un feu auquel répondirent les pièces de rempart de la place.

Pendant ce temps, la division v. Walther, dépassant Noyers, venait se rassembler au bois de la

Marfée, où la rejoignaient les 4 batteries qu'elle avait détachées la veille sur les hauteurs d'Aillicourt.

Vers 9 heures, la brigade v. Schleich, avec 2 batteries divisionnaires et un régiment de chevau-légers, se porta à Pont-Maugis, tandis que la brigade Bœrries v. Wissel et 2 batteries restaient entre le bois de la Marfée et Wadelincourt, ces 2 batteries joignant d'ailleurs leur feu à celui de l'artillerie de corps.

Plus tard, la brigade v. Schleich, ayant franchi la Meuse pour s'avancer vers Bazeilles, la brigade v. Wissel vint la relever à Pont-Maugis, puis, à son tour elle passa sur la rive droite.

La division v. Bothmer parvenue à Cheveuges, vers 9 heures, dirigea la brigade v. Thiereck avec 2 batteries sur Wadelincourt, en longeant la lisière nord du bois de la Marfée. Cette brigade occupa le village, le mit en état de défense et engagea une fusillade contre des tirailleurs français établis sur la rive droite de la Meuse et les remparts de Sedan.

Quant à l'autre brigade, Mühlbacher, elle continua, avec 2 batteries, de Cheveuges sur Frénois. De là, elle poussa le 5me bataillon de chasseurs et un bataillon du 5me régiment vers Sedan, par la grande route. Les chasseurs occupèrent la gare, à l'ouest du passage à niveau. Des barricades furent construites sur la grande route et l'une des 2 batteries prit position à la cote 173. Une fusillade s'engagea alors entre les chasseurs bavarois et les tirailleurs placés sur les remparts de Torcy.

Le reste de la brigade se répartit alors entre Frénois, la ferme et le château de Bellevue, ainsi que dans le petit bois de la Marnière. Deux batteries de l'artillerie de corps vinrent ensuite, vers 10 heures, prendre position au nord de ce petit bois, près du chemin de fer, et de là elles ouvrirent un feu de revers contre les batteries françaises en action à la cote 238 au-dessus de Floing.

Tandis que les troupes du 2me corps bavarois s'étendaient ainsi de Pont-Maugis à la Marnière, la 4me division de cavalerie, prince Albert de Prusse, père, rassembla près de Frénois ses 6 régiments disséminés depuis la veille entre Villers-sur-Bar, Noyers et Chaumont-Saint-Quentin.

Le roi de Prusse, de Moltke et Bismarck, arrivèrent à 7 h. 15 du matin, venant de Vendresse, à la cote 307, sur la hauteur au sud de Frénois et restèrent pendant toute la journée sur ce point dominant, d'où la vue s'étend sur l'ensemble du champ de bataille.

Le commandant de la 3me armée, prince royal de Prusse, de son côté, était dès 6 heures du matin sur les pentes de la Croix-Piot et il s'y tint jusque vers 5 heures. Il rejoignit alors le roi.

Quant au commandant de l'armée de la Meuse, prince royal de Saxe, il s'établit d'abord sur la hauteur au sud-est de Mairy, d'où la vue embrasse le pays jusqu'aux abords de Sedan et surtout les coteaux à l'ouest de Daigny. Plus tard il se porta sur la hauteur à l'est de Daigny.

L'Après-Midi du 1ᵉʳ Septembre

I. — Situation générale vers Midi

Par ce qui vient d'être exposé, on peut voir qu'en somme, jusque vers midi, l'armée de Châlons s'est maintenue sur ses positions sauf, d'une part, à Bazeilles et vis-à-vis de La Moncelle, d'autre part, au calvaire d'Illy.

Les Allemands agissant presqu'uniquement par les feux de leur artillerie, ne s'étaient pas, en général, portés directement à l'attaque de ces positions, se contentant d'accumuler leurs troupes sur le cercle d'une vingtaine de kilomètres qui, dès lors, enveloppait les Français massés dans un triangle de 12 à 13 kilomètres de pourtour.

La situation, à ce moment, se présentait ainsi :

1° A l'Est de Sedan

Sur le chemin de terre, qui, de la sortie est de Balan monte vers le nord-est, le 7ᵐᵉ bataillon de chasseurs bavarois et 3 compagnies d'infanterie bavaroise, une du 5ᵐᵉ régiment, 2 du 10ᵐᵉ, étaient arrêtées en face de la brigade Carteret-Trécourt, établie sur le chemin de Balan à Fond-de-Givonne, et soutenue par 5 batteries, dont 4 de la division Lacretelle et une de la réserve d'artillerie du 12ᵐᵉ corps, en position à la cote 215. A droite de la brigade Carteret-Trécourt, le village de Balan était occupé par le 11ᵐᵉ de ligne, ainsi que par quelques fractions d'infanterie de marine qui avaient évacué Bazeilles.

En arrière du 7me bataillon de chasseurs bavarois, le gros de la brigade bavaroise v. Schleich, avec 2 batteries divisionnaires, s'était avancé par le sud de Bazeilles jusqu'à la cote 160, flanquée à gauche par un régiment de chevau-légers. A sa droite, se trouvaient un bataillon du 1er bavarois, puis le 103me saxon, à la villa Beurmann, et le 108me saxon, sur le chemin de cette villa à la cote 194, avec 2 batteries saxonnes de la division v. Montbé, à cette cote.

En deuxième ligne, le gros de la brigade bavaroise v. der Tann, derrière le 103me saxon, puis 2 bataillons du 107me saxon, un bataillon du 71me thuringien et un bataillon du 12me bavarois, derrière le 108me saxon.

Plus en arrière encore, le gros de la brigade bavaroise v. Wissel, avec 2 batteries divisionnaires, au viaduc du chemin de fer, sur la rive droite de la Meuse, le 3me bataillon de chasseurs bavarois, le gros du 71me thuringien, le 4me bataillon de chasseurs de Magdebourg, à la gare de Bazeilles, avec un régiment de chevau-légers et 13 batteries : les 8 divisionnaires et 5 de l'artillerie de corps du 1er corps bavarois ; le gros de la brigade bavaroise v. Orff entre le chemin de fer et la grande route, sur la rive gauche de la Givonne ; le gros de la brigade saxonne Gerten entre la grande route et Montvillers, également sur la rive gauche de la Givonne, avec 4 batteries de la division saxonne v. Montbé, et derrière cette brigade le gros de la brigade bavaroise Dietl ; enfin, le gros de la brigade bavaroise Heyl à La Moncelle.

Sur la croupe 233, derrière la brigade Heyl, étaient déployées 15 batteries : 7 de l'artillerie de corps et 6 divisionnaires du 12me corps saxon, et 2 batteries bavaroises de la division v. Walther. Cette longue ligne d'artillerie était soutenue, à gauche, par le 108me saxon et 2 régiments de Reiter, à droite, par 2 bataillons du 105me et le 12me bataillon de chasseurs saxons.

En outre, aux ponts d'Aillicourt, sur la rive droite de la Meuse, stationnait la brigade de cuirassiers bavarois v. Tausch, et, à Lamécourt, était rassemblée la division v. Schwarzkoppen, du 4me corps prussien. Le reste de ce corps d'armée se trouvait encore sur la rive gauche de la Meuse, aux ponts d'Aillicourt.

A droite de cette agglomération, assez composite, de troupes allemandes, se massaient à Daigny et autour du village, sur la rive gauche de la Givonne, des forces un peu moins nombreuses :

En première ligne, le long du ruisseau, un bataillon du 105me saxon, et, dans le village de Daigny, un bataillon du 104me, 2 compagnies du 107me et le 13me bataillon de chasseurs saxons ;

En deuxième ligne, à l'est de Daigny, le 2me grenadiers de la Garde prussienne et les deux autres bataillons du 104me saxon.

Plus en arrière : le 4me grenadiers de la Garde, sur le chemin de Daigny à Villers-Cernay, en soutien de 8 batteries de la Garde, 4 de la division v. Pape, une de la division v. Budritzki, et 3 de l'artillerie de corps, en position entre le bois Chevalier et celui de Villers-Cernay. A la pointe nord du bois Chevalier, le gros de la brigade v. Linsingen, de la Garde, avec 2 bataillons du 2me régiment à pied, un bataillon du 4me, et le régiment de hulans de la Garde.

Au nord de Daigny, Haybes était occupé par le bataillon de chasseurs de la Garde et un bataillon de fusiliers ; Givonne par un autre bataillon de fusiliers. En arrière de ces deux localités se trouvaient : 2 bataillons du 4me régiment à pied, et 3 compagnies du troisième bataillon de fusiliers, sur la route de Givonne à Villers-Cernay, et le gros de la brigade v. Kessel dans le bois de Villers-Cernay, au sud de la cote 321. A cette cote, 4 batteries de l'artillerie de corps de la Garde, et à la lisière ouest du bois 3 batteries de la division v. Budritzki.

La division de cavalerie de la Garde v. der Goltz était en colonne le long de la route de Givonne à la Chapelle ; dans ce dernier village se tenait une compagnie de fusiliers de la Garde.

Du côté français, le 31me de ligne, le 58me et à leur gauche la brigade Marquisan, faisaient face à Daigny, soutenus en arrière par les brigades Carrey de Bellemare et Pelletier de Montmarie. Les 14me et 20me de ligne formant crochet défensif face au Sud, appuyaient leur gauche au 31me.

Vis-à-vis de Haybes était déployé le 34me de ligne, avec les fractions du 56me et du 3me turcos qui avaient dû évacuer ce hameau. Derrière le 34me se trouvait, en soutien, la brigade Gandil.

Plus au nord, la brigade Lefebvre était formée sur deux lignes, ayant à sa gauche la brigade Bréger, à la cote 293, face à Givonne. En arrière, la brigade de Postis du Houlbec se trouvait dans le bois de la Garenne.

Il n'y avait plus, vers midi, d'artillerie en action sur la rive droite de la Givonne, les batteries françaises ayant dû se retirer du combat qu'elles avaient tenté de soutenir contre les batteries adverses.

2° AU NORD-OUEST DE SEDAN

Les positions prises dans la matinée par le 7me corps français ne s'étaient pas sensiblement modifiées, vers midi, sauf en ce qui concerne la brigade Bordas qui, comme il a été dit déjà, abandonna la lisière nord-ouest du bois de la Garenne, et la brigade Bittard des Portes. Celle-ci, par suite d'ordres et de contre-ordres donnés alternativement par les généraux Dumont, Douay et de Wimpffen, eût à exécuter une série de marches et de contre-marches qui la désorganisèrent et finirent par amener ce qui en resta auprès de la division de l'Abadie, entre le bois de la Garenne et le Vieux-Camp.

Quant aux Allemands, qui venaient d'achever l'enveloppement de l'armée française, ils se trouvaient répartis de la façon suivante :

A Floing s'étaient assemblés et mélangés ensemble le 5me bataillon de chasseurs silésiens, le 11me bataillon de chasseurs hessois, 2 compagnies du 82me hessois, 2 bataillons et demi du 83me hessois, 3 compagnies du 87me nassauvien et 2 bataillons du 46me silésien.

Au bois du Hattoy se groupaient 2 compagnies du 83me hessois, 2 du 80me fusiliers hessois, 1 du 82me hessois, 1 du 87me nassauvien et 3 du 88me nassauvien.

Sur la crête, allant du bois du Hattoy vers Fleigneux, étaient déployées en ligne les 14 batteries du 11me corps prussien, soutenues en arrière de la gauche par un bataillon du 88me nassauvien.

A gauche de cette ligne de batteries, le gros de la brigade v. Henning, puis le 6me grenadiers prussiens et un bataillon du 46me silésien, enfin, à Fleigneux, la brigade v. Montbary.

Au sud-est de Fleigneux, sur la crête cotée 264, 10 batteries du 5me corps prussien, 4 de la division v. Schmidt et 6 de l'artillerie de corps, soutenues en arrière du centre par 3 compagnies du 87me nassauvien, 5 du 82me hessois et les 4 régiments de cavalerie divisionnaire des 5me et 11me corps prussiens.

Au-delà de ces 10 batteries, jusque vers Olly, une compagnie du 82me hessois, une du 88me nassauvien, 5 du 87me nassauvien et 2 bataillons et demi du 80me fusiliers hessois.

En arrière de toutes ces troupes, la brigade v. Kontzki était rassemblée à Saint-Albert, et la division v. Sandrart au Champ de la Grange.

Plus en arrière encore, la 4me division de cavalerie, prince Albert de Prusse père, s'était portée de Frénois à Montimont, d'où ses deux batteries tiraient à 4.000 mètres environ contre le plateau de Floing.

La division wurtembergeoise v. Obernitz avait rétrogradé de Vivier-au-court vers Donchery et se tenait rassemblée au nord de cette ville, près de l'aciérie; elle y fut rejointe par la 2me division de cavalerie zu Stollberg venue de Chémery en passant par Dom-le-Mesnil.

3° Au Sud de Sedan

La répartition des troupes du 2me corps bavarois, telle qu'elle a été indiquée précédemment, ne fut pas modifiée au cours de la matinée, ni ultérieurement. Il y a seulement à ajouter que la brigade de hulans v. Mulzer vint s'établir en soutien derrière l'artillerie de corps de la cote 255, qui n'avait été jusqu'alors gardée que par un régiment de chevau-légers.

II. — Combat du Calvaire d'Illy

Du tableau de la situation générale vers midi, qui vient d'être tracé, il ressort que le plateau d'Illy se trouvait à ce moment sans défenseurs, ainsi que cela a d'ailleurs été déjà signalé précédemment. Dans ces conditions l'ennemi put facilement prendre pied sur cette position.

Vers midi 30, les 5 compagnies du 82me hessois et les 3 compagnies du 87me nassauvien qui soutenaient les batteries du 5me corps prussien se portèrent en avant et pénétrèrent sans coup férir dans le village d'Illy. Elles s'y établirent, et, de la lisière, ouvrirent la fusillade contre les quelques tirailleurs des 52me et 72me de ligne restés sur la bordure nord du bois de la Garenne. Elles ne tentèrent d'ailleurs pas, pour le moment, de déboucher du village.

Cependant le général Douay, préoccupé de l'importance de la position du calvaire, avait pris des mesures pour y mettre obstacle aux progrès de l'adversaire.

Se portant, de sa personne, dans le bois de la

Garenne, il y ramassa tout ce qu'il put rencontrer de fractions débandées de la brigade Bordas et d'isolés de toute provenance venus se réfugier dans ce bois. Ayant réussi, à grand'peine d'ailleurs, à reconstituer à peu près 2 bataillons, un du 52ᵐᵉ et un du 72ᵐᵉ, il les entraîna à la lisière nord du bois et parvint à leur faire occuper le calvaire d'Illy peu de temps après que les Allemands s'étaient emparés du village. Presque simultanément, les 3 batteries de la division Dumont, restées jusqu'alors en réserve à la ferme de la Garenne, appelées par le général Douay, vinrent prendre position à droite du calvaire, où, un peu plus tard, elles furent renforcées par 2 batteries de la réserve du 7ᵐᵉ corps. Mais ces 5 batteries ne tardèrent pas à être écrasées par le feu des batteries du 5ᵐᵉ corps prussien, en sorte que vers 1 h. 15 ce qui en restait dut se mettre en retraite.

En outre, le général Douay ayant donné l'ordre au général Bittard des Portes d'accourir au calvaire avec tout ce qu'il pourrait rassembler de sa brigade, celui-ci amena la valeur de 2 bataillons du 82ᵐᵉ de ligne, et le général de Fontanges de Couzan vint se mettre à la disposition du commandant du 7ᵐᵉ corps avec un régiment, le 17ᵐᵉ de ligne, le seul qui lui restait en mains, car le second régiment de sa brigade, 68ᵐᵉ de ligne, s'était débandé et avait reflué sous les murs de la place de Sedan.

Enfin, le général de l'Abadie, suivant le général Bittard des Portes, avec la brigade Kampf, s'avança dans le bois de la Garenne.

Toutes ces troupes, auxquelles se joignirent un

certain nombre d'isolés errant dans le bois, prirent position, vers 1 h. 30, dans l'ordre suivant :

En première ligne, à gauche, le bataillon du 52me occupant le calvaire, au centre, les 2 bataillons du 82me et le 17me de ligne, à droite, le bataillon du 72me, tenant le carrefour encaissé situé à 300 mètres environ de la pointe nord du bois de la Garenne.

En arrière, le 14me bataillon de chasseurs à pied, à la lisière nord du bois ; le 49me de ligne partie à la lisière nord-ouest, partie à la ferme de Quérimont ; le 88me également à cette ferme.

Ces dispositions prises, le général Douay confia la direction de la défense au général Doutrelaine, commandant du génie du 7me corps, et, de sa personne, il retourna vers le plateau de Floing.

De son côté, le général Ducrot, qui attachait une importance extrême à la conservation du plateau d'Illy, s'inquiéta de ce qui s'y passait quand il entendit le canon ennemi dans la direction de Fleigneux. Vers 11 h. 30, il se porta, de sa personne, au calvaire, et ayant constaté le danger qui le menaçait, il se mit hâtivement à la recherche du commandant en chef de l'armée.

Le général de Wimpffen se trouvait alors au sud du bois de la Garenne, près du Vieux-Camp. Le général Ducrot l'y ayant rejoint et lui ayant exposé la situation, reçut de lui mission de réunir tout ce qu'il pourrait trouver de troupes disponibles de toutes armes et de se maintenir avec elles au calvaire.

Alors le général Ducrot prescrit au commandant de l'artillerie du 1er corps, général Forgeot, de diriger toutes les batteries disponibles du 1er corps sur la crête entre le calvaire et le petit bois au sud-ouest ; en même temps, il envoie son chef d'état-major, colonel Robert, chercher au 1er corps ce qu'il sera possible d'amener des divisions Pellé et l'Hérillier au saillant nord-ouest du bois de la Garenne.

Six batteries viennent bientôt s'établir sur la crête désignée, à partir de midi 30, environ, 3 de la division de Lartigue et 3 de la réserve d'artillerie du 1er corps. Elles entament énergiquement la lutte contre les 10 batteries du 5me corps prussien, lutte qui ne tarde pas à devenir désespérée ; les unes après les autres elles doivent renoncer à se maintenir en position ; vers 3 heures toutes les 6 seront forcées d'abandonner le terrain.

Vers une heure, la brigade Gandil, avec les 3 batteries de la division Pellé, est amenée par le colonel Robert et s'établit au saillant nord-ouest du bois de la Garenne. Le général l'Hérillier avec la brigade Lefebvre suit la brigade Gandil ; mais à peine s'est-elle engagée dans le bois de la Garenne qu'un officier d'état-major lui apporte l'ordre de revenir sur ses pas. La contre-marche s'exécute dans une grande confusion ; la colonne se disloque et dans le désarroi qui en résulte les éléments séparés vont tous se replier sur Sedan.

En présence du renforcement progressif de la défense qui, comme on vient de l'exposer, se produit en face d'eux, les Allemands, maîtres du village d'Illy, ne s'aventurent pas à en sortir. Ils attendent patiemment que leur artillerie ait raison de cette résistance, et cela ne tarde guère d'ailleurs.

A peine les bataillons de première ligne sont-ils en position sur la ligne du calvaire au carrefour encaissé à l'est, que déjà la pluie de projectiles qui les accable les force à céder le terrain, et à se rejeter dans le bois de la Garenne.

Aussitôt, une compagnie du 82me hessois sortant d'Illy vient occuper le calvaire, pendant qu'à sa gauche, 2 compagnies du 80me fusiliers hessois et **4** du 87me nassauvien, venues d'Olly à Chataimont, s'avancent vers le carrefour encaissé.

Le général Ducrot, mettant l'épée à la main, essaie, par 3 fois, d'entraîner à la charge la brigade Gandil, pour reprendre le calvaire, mais l'intensité du feu de l'ennemi, la fatigue et la dépression morale de la troupe font échouer ces tentatives.

Les Allemands, de leur côté, tentent vainement de pénétrer par le saillant nord dans le bois de la Garenne ; ils sont arrêtés par le feu des tirailleurs répartis sur la lisière.

Le combat traîne alors quelque temps sans amener de résultat décisif sur cette partie du champ de bataille où tombent, blessés tous deux, les généraux Dumont et Bittard des Portes.

III. — La Lutte sur le Plateau de Floing

Ainsi qu'on l'a vu plus haut, après le combat de Floing, les Allemands, maîtres du village, se bornèrent d'abord à s'établir solidement au pied des pentes du plateau qui le domine au sud-ouest.

Entre midi et une heure, ils reçurent d'importants renforts. La brigade v. Kontzki, rassemblée à Saint-Albert, se dirigea sur Floing, conduite par le général

v. Schkopp, commandant de la 22me division prussienne. Derrière elle, suivirent 2 bataillons du 94me thuringien, régiment qui avait été séparé de la brigade Marshall v. Bieberstein. Ces bataillons s'arrêtèrent au bois du Hattoy. Quant à la brigade v. Kontzki, elle franchit le ruisseau de Floing, à l'ouest du village, et continua à s'avancer en profitant de l'angle mort formé par les carrières ouvertes au sud du plateau coté 238.

Pendant ce temps, les 15 batteries françaises qui étaient en action aux alentours de cette cote 238, écrasées par le feu de l'artillerie adverse, se mettaient en retraite les unes après les autres. A midi déjà, 3 batteries de la réserve du 7me Corps avaient dû se replier dans le vallon au Nord-Ouest de Cazal ; une demi-heure plus tard, 2 autres de la réserve du 12me Corps exécutaient le même mouvement, et vers 1 heure, ce fut le tour des 10 dernières.

Il ne restait donc plus un seul canon français sur le plateau de Floing au moment où l'offensive de l'infanterie adverse prit son essor, d'une part en gravissant les pentes au Sud-Est du village, d'autre part en s'élevant sur celles du Sud du plateau.

Les premières fractions qui débouchèrent de Floing furent chargées par 2 escadrons du 4me hussards de la divison Ameil, et refoulées dans le village. Mais bientôt, les tirailleurs de la brigade v. Kontzky ayant atteint la crête Sud du plateau, tout ce qui était dans le village se mit en branle, et de nombreuses troupes montant de gradin en gradin, vinrent se déployer sur son rebord occidental.

Ainsi attaquée de deux côtés à la fois, la division Liébert opposa aux assaillants une résistance énergique, ne cédant le terrain que pas à pas. Une lutte indécise se développa, au cours de laquelle les unités tactiques se désagrégèrent de part et d'autre. Des attaques et des contre-attaques partielles se multiplièrent, mais sans liaison entre elles, sans plan d'ensemble et par suite sans résultat décisif. Deux escadrons du 4me Lanciers, également de la division Ameil, tentèrent d'intervenir dans l'action ; ils se portèrent en avant, mais, gênés par les difficultés du terrain, ils durent exécuter divers mouvements sous le feu de l'ennemi qui les anéantit presque complètement. Cependant quelques cavaliers parvinrent à pénétrer dans Floing ; ils y furent faits prisonniers.

Vers 2 heures, un nouvel et grand effort de la cavalerie française arrêta momentanément les progrès des Allemands.

Charges de la Division Margueritte

Lorsque le général Ducrot dut renoncer à entraîner à sa suite la brigade Gandil, comme on l'a vu plus haut, il prit le parti de recourir à la cavalerie et envoya, par un de ses officiers d'ordonnance, au général Margueritte, l'ordre de s'avancer dans le ravin au Sud-Est du plateau de Floing.

La division Margueritte, qui se trouvait, depuis midi environ, au Sud du bois de la Garenne, se mit en mouvement, conformément à cet ordre. Elle était en marche quand le général Ducrot arriva en personne et donna à son chef des instructions en conséquence desquelles le général Margueritte fit prendre à ses régiments la formation suivante dans le ravin indiqué :

1re ligne : à droite, le 3me chasseurs d'Afrique, à gauche, le 1er, tous deux déployés ; plus à gauche, le 1er hussards en colonne ;

2me ligne : à droite, derrière les chasseurs d'Afrique, les fractions du 4me régiment qui avaient rallié la division, soit à peu près la valeur de 2 escadrons ; à gauche, derrière le 1er hussards, le 6me chasseurs à cheval.

Avant de lancer ses escadrons, le général Margueritte voulut reconnaître le terrain ; il se porta de sa personne sur le plateau, entre la cote 238 et l'auberge du Terme ; là, une balle lui perfora les deux joues, en lui coupant une partie de la langue. Ramené en arrière par son officier d'ordonnance, lieutenant Reverony, pour être conduit à l'ambulance qui était installée à la ferme de la Garenne, il eut encore la force de tendre le bras dans la direction de l'ennemi, en passant près de ses troupes. Les chasseurs d'Afrique l'acclament en criant : « Vengeons-le ! En avant ! » Quelques pelotons partent aussitôt, sans ordre, droit devant eux ; une grêle de balles les cloue sur place.

Les chefs des régiments et le général de Galliffet se réunissent alors pour tenir conseil ; presque simultanément arrivent, d'une part, le lieutenant Réverony, chargé par le général Margueritte de remettre le commandement de la division au général de Galliffet, d'autre part le capitaine Faverot de Kerbreck, apportant, du général Ducrot, l'ordre de charger, et enfin le général Ducrot lui-même, qui prescrit de se lancer sans attendre davantage.

On part immédiatement, dans la direction générale du Nord-Ouest, en passant devant le front de la division Liébert, sous les feux de face de l'artillerie et de flanc de l'infanterie ennemies.

Les 3me et 4me escadrons du 1er chasseurs d'Afrique s'élancent à la charge, les premiers, entraînés à toute vitesse par le colonel Clicquot qui tombe frappé d'une balle en pleine poitrine. A leur gauche, presqu'en même temps, galoppe à fond de train le 1er hussards conduit par le colonel de Bauffremont ; puis à droite, le 3me chasseurs d'Afrique, avec le général de Galliffet en tête, charge par escadrons successifs.

Les premiers tirailleurs ennemis sont renversés, mais le feu des soutiens arrête bien des cavaliers. Quelques fractions pourtant parviennent à passer, et malgré les obstacles du terrain il y en a même qui arrivent jusqu'au bois du Hattoy.

Le 6me chasseurs à cheval, suivant d'abord le 1er hussards, oblique ensuite à droite, passe entre les deux petits bois situés sur le chemin de l'auberge du Terme à la ferme de Quérimont et gravit les pentes opposées ; il va alors tournoyer sur le terrain de la charge du matin et y aborde l'infanterie ennemie.

Mais partout on est accablé de projectiles ; il faut revenir en arrière. Les débris des 5 régiments, ramenés de tous côtés, viennent se rallier au Nord-Ouest de la ferme de la Garenne, là même où ils stationnaient avant la charge.

Un nouvel appel est alors adressé au général de Galliffet, par le général Ducrot qui accourt lui-même pour le décider à recommencer, malgré les difficul-

tés du terrain. « Tant que vous voudrez, mon géné-
« ral, tant qu'il en restera un, » répond Galliffet, et
il se lance cette fois vers le nord, sur le parcours
précédent du 6ᵐᶜ chasseurs ; mais les escadrons
s'égrenant peu à peu, cette deuxième tentative subit
le même sort que la première.

Après ces charges héroïques, malheureusement
stériles, la situation de la division Liébert se trouve
fort compromise. Sur le front, l'infanterie adverse,
arrêtée un moment pour faire tête à la cavalerie,
reprend sa marche en avant. A sa gauche, les troupes de la brigade v. Kontzki gagnent du terrain vers
Cazal ; à sa droite, le gros de la brigade v. Henning,
qui s'est mise en mouvement, atteint la route de
Floing à Illy. Deux batteries de la division Dumont,
que le général Ducrot a fait venir à l'auberge du
Terme, ne luttent plus que très péniblement et le
moment approche où elles vont ne plus pouvoir continuer la lutte.

Vers 3 heures, le général Ducrot envoie encore le
capitaine de Kerbreck porter l'ordre de charger au
général de Galliffet, qui fait observer qu'il n'est pas
possible d'aborder l'ennemi placé au-delà de carrières infranchissables. Le général Ducrot vient lui-
même indiquer un terrain moins défavorable, et
mettant l'épée à la main, il se place à la droite des
restes de la division que le général de Galliffet
entraîne désespérément à sa suite. En arrivant
devant la gauche de la division Liébert, dont il fait
cesser le feu pour laisser passer la charge, le général
Ducrot essaie de déterminer quelques fractions à se

lancer à la baïonnette sur les traces de la cavalerie ; mais bien peu d'hommes répondent à ses exhortations. D'ailleurs la charge se brise contre la ligne des tirailleurs ennemis. Le général de Galliffet et quelques cavaliers peuvent néanmoins pousser jusqu'aux réserves. En revenant, ils longent de près un bataillon du 81ᵐᵉ nassauvien qui suspend le feu à leur approche. Ils saluent du sabre en criant : « Vive l'Empereur ! » Les officiers allemands ont rendu le salut.

Telle fût la troisième et dernière de ces charges mémorables qui arrachèrent au roi Guillaume, sur son observatoire de la cote 307, au Sud de Frénois, cette exclamation d'admiration : « Oh ! les braves gens ! » L'authenticité de l'hommage ainsi rendu à la division Margueritte est affirmée par un récit que le prince royal de Prusse fit, quelques jours après, au général Ducrot, et par une conversation qu'il tint, en présence du général de Moltke, avec le général Reille, aide de camp de Napoléon III, et le lieutenant-colonel d'Abzac, aide de camp du Maréchal de Mac-Mahon.

Quand elle pût se rallier, après ces exploits, la division Margueritte avait perdu 17 officiers tués, 31 blessés, 118 hommes de troupe tués, et 837 blessés, soit au total 1.003 hommes mis hors de combat, sur un effectif de 2.000 sabres environ. Le général Margueritte succomba à sa blessure, le 6 septembre, au château de Beauraing, en Belgique, où il avait été transporté.

Maintenant le 7ᵐᵉ corps n'avait plus qu'à se retirer pour échapper à une destruction complète. Le général

Douay donna l'ordre de se replier par échelons, en résistant autant que possible sur les positions favorables qui pourraient se présenter.

La division Liébert entama le mouvement vers 3 h. 30. Les 37me et 89me de ligne allèrent occuper le bois attenant à Cazal. Le reste de la division suivit, généralement en bon ordre, et gagna, à droite de ce bois, celui qui s'allongeant vers le Nord-Est se rattache au bois de la Garenne.

Ainsi tomba au pouvoir de l'ennemi le plateau de Floing, sur lequel la division Liébert s'était maintenue si vaillamment depuis 9 heures du matin. Les Allemands s'établirent sur la position conquise, disposés comme il suit :

Autour de Cazal : 6 compagnies du 32me et 4 du 95me thuringiens, avec quelques fractions du 5me bataillon de chasseurs et du 46me silésiens.

Autour de l'auberge du Terme : le gros des 5me bataillon de chasseurs et 46me silésiens ; le 11me bataillon de chasseurs, la moitié du 82me, le gros du 83me hessois ; 2 compagnies du 87me nassauvien, 1 compagnie du 94me thuringiens et 6 batteries du 11me corps ;

En arrière de l'auberge du Terme, en 2me ligne : 1 bataillon du 59me posnanien, 2 compagnies du 80me hessois, 1 du 87me et le gros du 88me nassauviens ;

Sur la croupe au Nord-Ouest du plateau de Floing : le 6me prussien, 1 bataillon du 46me silésien, 2 compagnies du 83me hessois, 1 du 87me, 2 du 88me nassauviens, et 4 du 94me thuringien.

En réserve de ces troupes mélangées du 11me corps et de la brigade v. Henning du 5me, se trouvaient la division v. Sandrart, rassemblée au Champ de la Grange et la brigade v. Montbary, rassemblée à Fleigneux. En outre, 8 batteries du 11ᵐᵒ restaient déployées sur la crête au nord du bois du Hattoy.

Devant l'attitude résolue des bataillons de la division Liébert qui continuaient lentement leur retraite, et dont les derniers échelons ne gagnèrent qu'à la nuit les glacis de la place de Sedan, les Allemands ne dépassèrent guère les emplacements indiqués ci-dessus, au nord-ouest de la ville.

IV. — Évacuation de la Rive droite de la Givonne

Tandis que les événements se précipitaient au nord-ouest de Sedan, comme on vient de l'exposer, la situation devenait de plus en plus pénible pour les troupes françaises occupant la rive droite de la Givonne, en amont de La Moncelle.

Si, jusque vers 1 heure, elles ne furent pas l'objet d'attaques sérieuses de la part de l'infanterie adverse, elles se voyaient pourtant décimées sur leurs positions par la pluie de projectiles dont les accablait l'artillerie allemande. Leurs batteries, incapables de soutenir la lutte contre elle, en raison de leur infériorité numérique et matérielle, avaient été contraintes de se retirer les unes après les autres, comme on l'a vu précédemment, et celles de la réserve du 5ᵐᵒ corps qui tentèrent de venir à la rescousse subirent bien vite le même sort.

Cette réserve de 6 batteries était restée pendant toute la matinée dans l'inaction au Vieux-Camp. Comme elle y était fort maltraitée par les projectiles que les batteries saxonnes établies à l'est de Daigny envoyaient jusqu'à elles, le général Liédot commandant de l'artillerie du 5me corps, la mit en mouvement pour la mieux garantir. Pendant ce déplacement il fut mortellement blessé. Le colonel de Fénelon, qui prit alors le commandement, conduisit ces batteries sur les hauteurs au sud de Givonne. De là, elles entreprirent de combattre l'artillerie déployée en avant du bois Chevalier ; mais la lutte était trop inégale et les batteries se replièrent en se dispersant dans diverses directions.

Dans ces conditions, vers midi 30, la division Wolff, pour se mettre tant soit peu à l'abri, avait reculé en arrière ; la brigade Bréger s'établit au nord-est de la ferme des Triples-Levrettes ; mais la brigade de Postis du Houlbec se débanda et ses fractions séparées refluèrent sur Sedan.

Vers une heure, ainsi qu'il a été dit plus haut, deux brigades, Gandil et Lefebvre furent retirées du 1er corps avec les quelques batteries encore en état de combattre, par ordre du général Ducrot.

On se trouva ainsi notablement réduit et sans canon. Dès lors la retraite générale ne pouvait plus guère tarder, et c'est à ce moment que l'infanterie ennemie prit vigoureusement l'offensive.

La division saxonne v. Montbé s'étant rassemblée aux abords de Montvillers, le gros de la brigade Garten se mit en marche à une heure environ, franchit la Givonne, sur un pont de circonstance, et s'avança en colonne vers le nord, par la route occidentale de la vallée. Le bataillon de tête, du 100me grenadiers du corps, en approchant de Daigny, fut accueilli par le feu des tirailleurs du 58me de ligne.

Mais à l'arrivée du gros de la colonne, le 58me, le 34me de ligne, les brigades Marquisan et Carrey de Bellemare qui tenaient encore sur les hauteurs à l'ouest de Daigny se mirent simultanément en retraite, avec une précipitation voisine de la déroute, partie directement sur Sedan, partie d'abord sur le bois de la Garenne, puis ultérieurement aussi sur Sedan. Toutefois, un bataillon du 3me de marche, le bataillon du 64me de ligne, séparé de la brigade Marquisan, se dirigea sur Balan, et le 34me de ligne qui tenta de couvrir la retraite, se replia sur Fond-de-Givonne.

La colonne saxonne détachant 3 bataillons, un du 100me grenadiers du corps, 2 du 101me, pour occuper les hauteurs évacuées, continua alors sa marche, traversa Daigny et se porta à Haybes. Les troupes saxonnes qui se tenaient à Daigny depuis plusieurs heures y restèrent encore, tandis que 2 bataillons du 2me grenadiers de la Garde prussienne, s'élevant sur les hauteurs, allèrent renforcer les bataillons saxons des 100me et 101me. En outre, les chasseurs de la Garde prussienne et le 1er bataillon de chasseurs bavarois, sortant de Haybes, s'avancèrent sur les hauteurs à l'ouest du hameau.

Alors, vers 2 heures, les dernières troupes françaises, la brigade Pelletier de Montmarie, se mit aussi en retraite. Le mouvement s'effectua dans diverses directions, par fractions successives, et dans une confusion qui, sur certains points, amena la débandade. Toutefois, quelques groupes, plus énergiques et tenaces que les autres, ne cédèrent le terrain qu'après avoir résisté de leur mieux, ce qui obligea les Allemands à entreprendre une série de petits combats partiels pour refouler les derniers défenseurs. Vers 3 heures, ils atteignirent ainsi la route de Bouillon, à gauche et à droite de son coude.

Pendant ce temps, quelques fractions saxonnes en poursuivant le 34me en retraite vers Fond-de-Givonne, parvinrent à pénétrer dans ce faubourg et à s'y maintenir momentanément.

Cependant, du côté français de nouvelles troupes arrivaient à la rescousse : c'était la division Goze, du 5me corps. Dans la matinée, cette division avait quitté les fossés et glacis de Sedan, où elle avait passé la nuit, pour venir prendre position à un ancien redan sur les hauteurs au nord de Fond-de-Givonne, et elle y était restée sans s'engager active-ment. Quand l'ennemi s'avança sur les hauteurs de la rive droite de la Givonne, la division se mit en mouvement ; elle descendit à Fond-de-Givonne que les saxons s'empressèrent d'évacuer, traversa la route de Bouillon et vint se déployer sur la hauteur au sud du faubourg, face à l'Est dans l'ordre suivant :

1re ligne : à droite, le 4me bataillon de chasseurs à pied ; au centre, un bataillon du 86me, un du 61me ; 2 du 46me ; et a la gauche un du 61me. En 2me ligne, 2 bataillons du 86me et le troisième bataillon du 61me. Les 3 batteries de la division, qui ne comptaient en tout que 13 canons, dont 2 à balles, étaient réparties sur le front.

L'attitude solide de ces troupes, leur feu nourri, retardèrent le progrès de l'ennemi et permirent à des fractions en retraite des 22me, 34me et 58me de ligne de se rallier à la gauche du 61me. Toutefois, vers 2 h. 30 les batteries durent se replier en arrière jusqu'au Vieux-Camp, où elles prirent une nouvelle position et rouvrirent le feu.

Entre temps, les batteries de la division v. Montbé et celles de l'artillerie de corps du 12me corps saxon s'étaient avancées vers l'ouest. Après avoir passé la Givonne à La Moncelle, elles vinrent s'établir sur la crête, au nord de la cote 194. Sôutenue par elles, l'infanterie allemande gagna vite du terrain, et vers 3 heures la division Goze se mit en retraite par Fond-de-Givonne vers Sedan, en suivant en bon ordre la route de Bouillon.

Alors le commandant du 12me corps, prince Georges de Sáxe, regardant la bataille comme gagnée, jugea qu'une continuation de l'offensive dans la zone d'action de la place causerait à ses troupes des pertes inutiles. En conséquence, il arrêta leur mouvement en avant, et celles-ci s'établirent, vers 4 heures, sur les positisns conquises, dans le dispositif ci-après :

Brigade Garten : sur le plateau, à l'est de la Givonne, détachant 4 compagnies du 101me à Fond-de-Givonne.

Brigade v. Seydlitz-Gerstenberg, à la forge au nord du village de Givonne, sur lequel cette brigade avait continué à marcher pendant que la brigade Garten s'emparait des hauteurs de la rive droite.

Artillerie de la division v. Montbé, au nord du coude de la route de Bouillon, avec le 1er régiment de Reiter.

Division Nehrhoff v. Holderberg, massée entre Daigny et le bois Chevalier.

Artillerie de corps, sur la crête au sud du coude de la route de Bouillon.

Division de cavalerie, rassemblée à Douzy.

Quelques compagnies du 100ᵐᵉ grenadiers du corps et du 108ᵐᵉ fusiliers étaient détachées de leurs régiments pour établir la liaison avec la Garde dans son attaque du bois de la Garenne.

V. — La Lutte dans le Bois de la Garenne

Tout le terrain compris entre la Givonne et le bois de la Garenne se trouvant dégarni de défenseurs vers 3 heures de l'après-midi, la Garde prussienne, profitant de cette circonstance favorable, se mit en mouvement à ce moment pour se porter à l'attaque du bois. Jusqu'alors, le prince Auguste de Wurtemberg avait maintenu ses troupes sur la rive gauche, se contentant de faire balayer, par ses canons, les hauteurs à l'ouest de Haybes et de Givonne. Seuls, le bataillon de chasseurs et 2 bataillons du 2ᵐᵉ grenadiers, avaient franchi le ruisseau pour appuyer l'offensive saxonne.

A 3 heures, donc, la brigade v. Medem, formée en colonne d'attaque, et comprenant 2 bataillons de fusiliers et 2 bataillons du 4ᵐᵉ grenadiers déboucha de Givonne et s'avança vers la cote 293, suivie par la brigade v. Kessel. Le mouvement était couvert, à gauche, par le bataillon de chasseurs flanquant la colonne d'attaque, et par les 2 bataillons du 2ᵐᵉ grenadiers, déjà sur la rive droite et postés à la carrière située à l'intérieur du coude de la route de Bouillon. Le 3ᵐᵉ bataillon de fusiliers gardait Givonne, et le 3ᵐᵉ du 2ᵐᵉ grenadiers tenait Haybes.

La division v. Budritzki s'établit en réserve à l'est de Haybes. La division de cavalerie marcha par Chataimont vers Olly. L'artillerie de corps resta dans ses positions à la pointe nord du bois de Villers-Cernay.

Parvenue à la cote 293, la colonne d'attaque se scinda en deux : les 2 bataillons de fusiliers se dirigèrent sur la ferme de Quérimont, tandis que les deux bataillons du 4me grenadiers marchaient vers le calvaire d'Illy. Ces deux derniers bataillons furent d'ailleurs arrêtés peu après, pour être employés à la garde de prisonniers. A leur place, la brigade v. Kessel s'avança sur Illy.

La situation des Français dans le bois de la Garenne était très précaire depuis la retraite de la division Liébert.

Jusqu'à ce moment, 3 h. 30 environ, la division Conseil-Duménil, établie à sa droite, s'était maintenue sur ses positions de la matinée, le long du chemin de l'auberge du Terme à la ferme de Quérimont, la droite appuyée au bois de la Garenne. Elle avait même pu, vers midi 30, faire occuper, par un bataillon du 99me, le petit bois situé à 500 mètres en avant de son front, sur la croupe descendant du calvaire d'Illy, ce qui, d'ailleurs, avait coûté au colonel Sumpt, chef d'état-major de la division, la perte de ses deux mains emportées par un obus, pendant qu'il établissait le bataillon sur la position.

Vers 1 h. 30, cependant, les batteries de la division, fort éprouvées par le feu de l'artillerie adverse durent se retirer en arrière, dans la clairière de la ferme de

Quérimont ; elles tentèrent d'y continuer la lutte mais furent assez rapidement réduites au silence.

Après les charges de la division Margueritte, les progrès de la brigade v. Henning provoquèrent l'évacuation, par le bataillon du 99ᵐᵉ, du petit bois qu'il occupait. Puis, quand la division Liébert se fut mise en retraite, les bataillons allemands maîtres de l'auberge du Terme débordèrent la gauche de la division Conseîl-Duménil.

Alors cette division dut aussi se replier, Le mouvement fut entamé par 2 bataillons du 47ᵐᵉ de ligne qui se portèrent, au pas de course, à la lisière du bois de la Garenne, au nord-est de l'Algérie et purent s'y maintenir jusque vers 4 h. 30. Les autres, troupes suivirent successivement, couvertes par un bataillon et demi du 99ᵐᵉ posté dans le petit bois situé à l'est de l'auberge du Terme. Mais ce petit bois fut bientôt enveloppé par l'ennemi et ses défenseurs durent déposer les armes ; le général Conseil-Duménil resté un des derniers sur la position fut fait prisonnier.

A droite de la division Conseil-Duménil, la brigade Gandil se maintenait assez difficilement à la lisière nord-ouest du bois de la Garenne, en raison de la fatigue et de l'affaissement moral de ses troupes. Au moment où la division Conseil-Duménil se mit en retraite, le 1ᵉʳ régiment de marche, pris de panique, se jeta dans le bois et s'y débanda, entraînant dans sa fuite l'autre régiment. Toute la brigade reflua instinctivement vers Sedan, encombrant les chemins et sentiers du bois, les semant de blessés et de mourants, tombés sous les projectiles de l'artillerie ennemie qui, du nord-ouest, comme de l'est, faisait converger ses feux sur cette partie du champ de bataille.

Cependant, à la lisière nord du bois de la Garenne, les troupes qui s'y étaient établies après avoir défendu le calvaire tenaient toujours encore, et quand, vers 4 heures, les fusiliers de la Garde prussienne arrivèrent près de la ferme de Quérimont, ils se trouvèrent arrêtés par les défenseurs qui s'y étaient rassemblés : 49me et 88me de ligne, renforcés par des fractions et des isolés de divers corps ralliés auprès de ces deux groupes.

Un combat local s'engage alors, aux abords de la ferme. Les fusiliers de la Garde sont bientôt soutenus par le bataillon de chasseurs de la Garde et les compagnies saxonnes détachées par le 12me corps. En même temps, la brigade v. Kessel atteint le saillant nord du bois de la Garenne et y est rejointe par des fractions du 80me hessois et du 87me nassauvien venues par Chataimont, ainsi que par celles des 82me et 87me nassauviens descendus du calvaire. La lisière nord doit donc être évacuée par ses défenseurs : 17me de ligne, 14me bataillon de chasseurs à pied, fractions du 49me, du 52me, du 72me et du 88me de ligne : tous se replient en désordre sur la ferme de Quérimont.

Sur ces entrefaites, d'autres troupes allemandes arrivent par l'ouest. Après la retraite de la division Conseil-Duménil et de la brigade Gandil, 2 compagnies du 5me bataillon de chasseurs silésiens et 2 bataillons du 94me thuringien ont pénétré dans le bois de la Garenne, en refoulant les derniers débris du 99me de ligne, et se sont approchés de la ferme de Quérimont.

Un groupe composé de fractions de divers régiments : 83me hessois, 87me et 88me nassauviens, 59me posnanien, s'avance sur le chemin de Cazal à Quérimont ; enfin, un troisième groupe composé des 2 dernières compagnies du 5me bataillon de chasseurs silésiens, de fractions des 46me et 47me silésiens, du 11me bataillon de chasseurs hessois et des 82me et 83me hessois, attaque le saillant sud-ouest du bois, où le 14me bataillon de chasseurs à pied se défend énergiquement.

La lutte continue de tous côtés, confuse, mais acharnée, et pour ainsi dire corps à corps. Vers 5 heures du soir la sonnerie française : « Cessez le feu », se fait entendre : on y répond en entamant le combat à la baïonnette, quand tout à coup retentit ce cri : « Le Général s'est rendu ! On pose les armes. » En effet, le général de Fontanges a remis son épée à un officier prussien.

Les débris des troupes françaises n'ont dès lors plus qu'à se livrer aussi à l'ennemi qui les enveloppe de tous côtés. Un bataillon du 96me de ligne, le 3me, qui, lors de la retraite de la division Wolff sur Sedan, était resté dans le bois de la Garenne, put cependant, après s'être défendu vigoureusement jusqu'à la nuit, gagner ensuite les glacis de la place.

Le bois de la Garenne une fois tombé aux mains de l'ennemi, il ne restait plus de défenseurs au nord de Sedan ; les Allemands n'arrêtèrent pourtant pas de suite leur marche victorieuse de ce côté. Une partie des réserves du 5me corps se rapprocha des troupes de première ligne : la brigade v. Montbary s'avança jusqu'au calvaire d'Illy ; la brigade Floekher se porta du bois du Hattoy à Cazal ; la brigade v. Voigts-Rhetz seule resta au Champ de la Grange.

En même temps, du côté du nord-est, l'artillerie de corps de la Garde vint, par Givonne, s'établir au calvaire d'Illy ; la division v. Budritzki se porta à Givonne et la division de cavalerie v. der Goltz à Fleigneux.

Enfin, la 4me division de cavalerie, prince Albrecht de Prusse père, vint se porter sur la route de Bouillon, au nord de Givonne ; et la 5me brigade de cavalerie v. Baumbach, prit position à Illy, tandis que le reste de la 2me division, comte zu Stollberg-Wernigerode, rétrogradait en arrière et allait s'installer à Frénois.

VI. — Combats de Balan

Ainsi qu'on l'a vu précédemment, la brigade bavaroise v. Schleich se trouvait, vers midi, à la cote 160, au sud-est de Balan. Ayant reçu l'ordre de s'emparer de ce village, elle se forma sur 2 lignes : 1re ligne, le 8me bataillon de chasseurs, intercalé entre 2 bataillons du 6me régiment ; 2me ligne, 2 bataillons du 7me régiment. Le bataillon de gauche de la première ligne eût pour mission de marcher sur le village même ; celui de chasseurs de se porter sur le parc du château, et celui de droite de gagner les hauteurs au nord de ce parc.

Le 11me de ligne, qui occupait Balan depuis la veille, était réparti dans les jardins entourant le village ; quant aux fractions d'infanterie de marine qui s'y étaient réfugiées après l'évacuation de Bazeilles, elles étaient établies dans les maisons du secteur sud-est.

Les Bavarois eurent facilement raison de la résistance de ces troupes ; en les refoulant devant eux ils pénétrèrent dans le village, dans le parc du château et dans le cimetière au nord. Continuant leur mouvement en avant ils arrivèrent en présence du 2me zouaves de la brigade Carteret-Trécourt, lequel tenait le parc Philippotaux situé au nord de la grande route, à la sortie ouest de Balan. Le feu des zouaves les arrêta momentanément, mais bientôt le 7me bavarois vint appuyer le 6me et alors les zouaves cédèrent le terrain, entraînant dans leur retraite le reste de la brigade Carteret-Trécourt, vers midi 30.

Cette retraite s'effectua en assez bon ordre, et le général Carteret-Trécourt put faire prendre à ses troupes une nouvelle position sur la première croupe à l'ouest. Les batteries qui soutenaient la brigade allèrent s'installer, celles de la réserve du 12me corps, au Vieux-Camp, 2 de la division Lacretelle sur les glacis de la place, les 2 autres près du bois de la Garenne. Ces batteries avaient d'ailleurs beaucoup souffert du feu des batteries allemandes déployées sur la rive gauche de la Givonne.

Sur sa nouvelle position la brigade Carteret-Trécourt put se maintenir longuement. Un vigoureux retour offensif exécuté vers 1 h. 30 par le 11me de ligne, qui l'avait suivi dans son mouvement, permit même de repousser les Bavarois à l'intérieur du parc Philippotaux dont ils avaient tenté de déboucher.

Cependant des renforts arrivaient à la brigade bavaroise v. Schleich. La brigade v. Wissel s'avançant sur Balan porte 2 bataillons du 14me régiment dans le parc Philippotaux, et 1 bataillon du 15me à la cote 215, tandis qu'un autre bataillon du même régiment progresse par la grande route ; en outre, 1 batterie de la division v. Walther vient prendre position à la cote 215. Un peu plus tard, le 3me bataillon de chasseurs et le dernier bataillon du 15me régiment vinrent relever, à l'extrémité ouest du village, les fractions de la brigade v. Schleich qui s'y tenaient, et ces fractions se replièrent pour aller se reformer en arrière du parc du château. Enfin, vers 3 heures, 2 batteries, 1 de la division v. Walther et 1 de l'artillerie de corps du 2me corps bavarois, s'avançant par la route de La Moncelle à Balan vinrent s'établir à l'ouest de la cote 194.

A ce moment intervinrent dans la lutte, du côté français, d'une part les restes de la division de Vassoigne, d'autre part la brigade Abattucci du 5me corps.

Après l'évacuation de Bazeilles, ce qui restait de la division de Vassoigne s'était replié sur le Vieux-Camp, ainsi qu'il a déjà été dit précédemment. Là, on s'était reposé et les troupes s'étaient peu à peu remises sur pied. Vers 2 h. 30, le général de Wimpffen donna l'ordre au général de Vassoigne de se porter en avant, en même temps que lui-même se mettait à la tête d'un groupe d'isolés débandés de toute provenance qu'il était parvenu à rallier autour de lui. L'infanterie de marine et ce groupe d'isolés, comptant en tout de 5.000 à 6.000 hommes, traversent Fond-de-Givonne et appuyant vers le sud, vont se répandre dans les jardins à l'ouest et au sud de Balan, en repoussant devant eux les Bavarois qui s'y trouvent.

En même temps, sur l'ordre du général de Wimpffen, la brigade Abattucci, jusqu'alors restée en réserve au Vieux-Camp, se met en mouvement, traverse la route de Bouillon, gravit les pentes au sud-est, et dépassant la brigade Carteret-Trécourt, elle pousse vers Balan, précédée de nombreux tirailleurs. Sur son parcours elle se grossit de nombreux isolés, soldats débandés et fractions séparées de leur corps. Une batterie de la division de Vassoigne établie au Vieux-Camp l'appuie de ses feux.

L'aile droite de la brigade Abattucci, 30ᵐᵉ de ligne, pénètre dans la partie nord-ouest de Balan, refoule devant elle les Bavarois qui s'enfuient en se dispersant, et continue à progresser jusqu'à l'église. L'aile gauche, 27ᵐᵉ de ligne, doit livrer un combat plus sérieux pour pénétrer dans le parc Philippotaux ; il y parvient néanmoins, de sorte que, finalement, les Bavarois sont partout en retraite. Mais ils ne tardent pas à recevoir des renforts fournis par la brigade Dietl accourue à la rescousse, et peuvent ainsi reprendre la lutte.

Les Français, de leur côté, reçoivent aussi un renfort assez important. Le bataillon du 64ᵐᵉ de ligne qui avait été séparé de la brigade Marquisan pendant sa retraite et qui s'était dirigé sur Balan, comme on l'a vu plus haut, avait dépassé ce village et ne s'était arrêté que sous les remparts de Sedan, à la porte de Balan. Là son chef, le commandant Moch, avait rallié auprès de sa troupe un assez grand nombre d'isolés, et avec les 1.800 hommes et 4 canons dont 2 à balles, qu'il eût ainsi à sa disposition, il se porta dans le parc Philippotaux pour appuyer le 27me de ligne. Il y prit le commandement, en organisa et en dirigea la défense avec autant d'ordre et de méthode que de vigueur et de ténacité.

La lutte put ainsi continuer, sur certains points assez mollement d'ailleurs, avec des péripéties diverses, jusqu'au moment où une nouvelle intervention du général de Wimpffen en personne lui imprima un caractère plus décisif.

Le commandant en chef de l'armée française, après avoir engagé la brigade Abattucci et le groupe qu'il avait réuni, était retourné à Sedan pour y ramasser de nouveaux éléments. Avec 2.000 hommes environ et 4 canons qu'il était parvenu à recruter, il se porta vers Balan, accompagné par les généraux Lebrun et Pellé. Arrivés à 5 heures, à peu près, à l'entrée de Balan, les généraux se mettent à la tête de la colonne, et à la sonnerie de la charge on se lance, au pas de course, dans la grande rue, dans les ruelles latérales et dans les jardins qui s'étendent vers la Meuse. Des fractions de la brigade Abattucci se joignent au mouvement. Malgré une grêle de balles on atteint le carrefour de l'église. Les Bavarois, embusqués dans les maisons opposent une résistance énergique ; mais les 4 canons préalablement chargés à l'abri, sont amenés à bras sur la place, et ouvrent des brèches dans les murailles. L'ennemi se retire alors et le village reste aux mains des Français, à l'exception seulement de la dernière maison à la sortie est et de quelques clôtures voisines.

En s'enfuyant de Balan, les Bavarois viennent se jeter en désordre parmi les renforts qui leur arrivent et en entraînent une partie ; mais l'ordre ne tarde pas à se rétablir, et l'ennemi organise la reprise de Balan dans les conditions ci-après :

6 batteries bavaroises, 3 de la division v. Walther, 1 de la division v. Stephan et 2 de l'artillerie de corps du 1er corps bavarois, s'établissent à la sortie ouest de Bazeilles, vers la cote 160 et criblent de projectiles le village de Balan, que battent en même temps le reste de l'artillerie bavaroise, déployée sur les hauteurs de la rive droite de la Givonne, et l'artillerie de corps du 4me corps prussien, qui a pris position sur les pentes de la rive gauche de la Meuse, à l'ouest d'Aillicourt ;

Le 2me bataillon de chasseurs et 2 bataillons du régiment du corps bavarois, débouchant de Bazeilles, s'avancent sur Balan, par le sud de la grande route, tandis qu'au nord de la chaussée progressent le 4me bataillon de chasseurs de Magdebourg et 1 bataillon du 71me thuringien ;

La brigade bavaroise v. Orff se rassemble à Bazeilles ; la brigade Heyl à La Moncelle ; la brigade de cuirassiers v. Tauset et les 2 régiments divisionnaires de chevau-légers du 1er corps bavarois prennent position sur les pentes à l'ouest de La Moncelle ;

Les troupes des brigades v. Schleich et v. Wissell rejetées de Balan, se sont reformées, et se déploient en avant de la brigade v. Orff ;

Enfin, la brigade v. Scheffler, du 4me corps prussien se porte sur les crêtes, au nord de Bazeilles, en soutien des batteries bavaroises déployées de part et d'autre de la cote 194.

Cependant, le général de Wimpffen voyant fondre ses troupes sous le feu de l'artillerie adverse, renonce à la lutte et ordonne la retraite sur Sedan. Elle s'effectue par fractions successives. Quelques-unes soutiennent encore des petits combats partiels. Le commandant Moch notamment se maintient dans le parc Philippotaux jusqu'à 6 h. 30 environ, et après quelques pourparlers engagés avec les Bavarois, sur l'initiative qu'ils en ont prise, il put ramener son monde à Sedan.

L'infanterie allemande après avoir réoccupé Balan continua à s'avancer vers la place. En arrivant sous les remparts, elle trouva le drapeau blanc flottant sur la porte et s'arrêta en conséquence.

VII. — Le Haut Commandement pendant l'Après-Midi

Aussitôt après la dernière charge de la division Margueritte, le général Ducrot se dirigea, seul, sans escorte, sur Sedan. Au pied des remparts, où il arriva vers 3 h. 15, il se rencontra avec le général Douay. A ce moment, un drapeau blanc était arboré sur un des bastions de la citadelle. Les deux officiers généraux, après s'être rapidement concertés entre eux, pénétrèrent dans la place et y trouvèrent le général Dejean commandant du génie de l'armée de Châlons. Tous trois, ils examinèrent ensemble la situation de la défense et firent placer sur les parapets, ainsi que sur les chemins couverts, quelques soldats ramassés dans le voisinage. Le général Ducrot se rendit ensuite chez l'Empereur, à la Sous-Préfecture.

Napoléon III était rentré à Sedan, vers 11 h. 30, comme il a déjà été dit précédemment et s'était retiré à son quartier général, s'abstenant d'intervenir dans la direction de la bataille.

A 1 h. 30, environ, deux officiers, les capitaines d'état-major le Coat de Saint-Haouen et Vau de Lanouvelle vinrent successivement, de la part du général Wimpffen, remettre au Souverain une lettre en double expédition ainsi conçue : « Je me décide à « forcer la ligne qui se trouve devant le général « Lebrun et le général Ducrot, plutôt que d'être « prisonnier dans la place de Sedan. Que Votre « Majesté vienne se mettre au milieu des troupes, « elles tiendront à honneur de lui ouvrir un « passage. »

A l'arrivée du capitaine de Saint Haouen qui se présenta le premier, l'entourage de l'Empereur tint une sorte de conseil où l'on conclut qu'il ne restait plus qu'à capituler. Quand le capitaine de Lanouvelle vint ensuite et demanda quelle réponse il devait rapporter au général de Wimpffen, Napoléon III se borna à dire qu'il désirait être renseigné sur toutes les phases de l'action qui allait s'engager, et il ajouta « qu'il ne pouvait se faire prendre. »

Le général de Wimpffen avait, en effet, conçu le projet d'exécuter une percée vers Carignan. Il se proposait de réunir, dans ce but, toutes les fractions disponibles des 1er, 5me et 12me corps. Ayant rencontré au Vieux-Camp le général Lebrun, vers 1 heure, il lui donna ses instructions et fit ensuite écrire : 1° au général Ducrot, pour l'inviter « à « marcher avec toutes ses forces disponibles dans la

« direction de La Moncelle et de Bazeilles, tout en
« assurant, avec le 7ᵐᵉ corps, la possession du
« calvaire d'Illy » ; 2° au général Douay, pour le
charger de « couvrir la retraite » ; 3° enfin, à l'Empereur, dans les termes qui viennent d'être repro-
duits ci-dessus. Enfin, il donna l'ordre à la division
Goze du 5ᵐᵉ corps de se mettre à la disposition du
général Lebrun, et à la division Guyot de Lespart,
du même corps, de se tenir prête à participer au
mouvement ainsi réglé. Puis il attendit, pour entamer l'opération, la réponse de l'Empereur à la lettre
qu'il lui adressait.

Cette réponse se fit attendre longuement. Au bout
d'une heure environ, n'ayant encore rien reçu, le
général de Wimpffen se décida à agir sans tarder
davantage. C'est alors, vers 2 h. 30 environ, qu'il se
mit en marche avec la division de Vassoigne et la
brigade Abattucci, comme on l'a vu plus haut. La
division Goze était à ce moment déjà engagée contre
les troupes ennemies qui s'avançaient sur la rive
droite de la Givonne.

Pendant que le général de Wimpffen attendait la
réponse de l'Empereur, Napoléon III faisait hisser
un drapeau blanc sur la citadelle. Lorsque le général Ducrot vint se présenter à lui, il exprima sa
surprise d'entendre la bataille continuer, quoiqu'un
drapeau parlementaire eût été arboré, puis il dicta
au général l'ordre suivant : « Le drapeau parlemen-
« taire ayant été arboré, les pourparlers vont être
« ouverts avec l'ennemi ; le feu doit cesser sur toute
« la ligne. »

Invité à signer cet ordre, le général Ducrot se

récusa, objectant que c'était au général de Wimpffen qu'il appartenait d'en prendre la responsabilité. Comme on ne savait où trouver le commandant en chef de l'armée, l'Empereur désigna, pour lui déléguer cette signature, le général Faure, chef d'état-major général et le colonel Robert, chef d'état-major du 1er corps, fut envoyé à sa recherche. L'ayant rencontré dans la citadelle, le colonel Robert lui communiqua la décision du Souverain; mais le général Faure, qui venait de faire abattre le drapeau blanc, refusa d'y obtempérer.

Sur ces entrefaites le général Lebrun, constatant que des fractions de plus en plus nombreuses de divers corps refluaient vers Sedan, avait cru pouvoir mettre un terme à la débandade en faisant fermer la barrière de la porte de Balan ; mais comme les fuyards se jetèrent alors dans les fossés, il dut renoncer à arrêter le flot grossissant et se détermina à aller rendre compte de la situation à l'Empereur.

Elle était certes des plus critiques cette situation. Sous les coups de l'artillerie adverse des incendies s'étaient déclarés en divers points de la ville ; acculées aux murs de la place, amoncelées dans les fossés, errant dans les rues obstruées par des voitures de tout genre, de nombreuses troupes subissaient des pertes cruelles ; les obus éclataient à tout instant jusque dans le jardin et la cour de la Sous-Préfecture.

En recevant le général Lebrun, Napoléon III lui manifesta son étonnement, comme il l'avait fait pour le général Ducrot, de ce que la lutte se prolongeât encore, alors que depuis plus d'une heure il avait demandé un armistice en faisant arborer un drapeau blanc sur la citadelle. Le général fit observer qu'il était impossible que ce signal ait été aperçu de toutes les troupes, en raison de la configuration du terrain et de l'étendue du champ de batàille. Il ajouta que ce n'était d'ailleurs pas ainsi que, suivant les usages de la guerre, on demandait un armistice. On devait pour cela envoyer au quartier général adverse un parlementaire muni des pouvoirs nécessaires.

L'Empereur lui dicta alors une lettre demandant un armistice et qui devait être signée par le général de Wimpffen.

Le général Lebrun, muni de cette lettre, partit à la recherche du commandant en chef. Des officiers de la maison militaire du Souverain, croyant qu'il était lui-même désigné comme parlementaire, le firent suivre par un sous-officier de cavalerie porteur d'un fanion blanc.

Le général de Wimpffen, qui venait de faire exécuter son premier retour offensif sur Balan, s'en retournait à ce moment vers Sedan pour y chercher de nouvelles troupes. Sur son chemin, il fut rejoint d'abord par un officier de la maison de l'Empereur qui, à 4 heures environ, lui remit une lettre dans laquelle Napoléon III déclarait la tentative sur Carignan impossible à réaliser et prévenait le général que le drapeau blanc était hissé sur la citadelle, il le chargeait de négocier avec l'ennemi. Le général refusa de lire le message du Souverain et de déférer à ses ordres. Puis, continuant sa route, il rencontra le général Lebrun. Sans même lui laisser le temps de parler, il lui déclara qu'il ne voulait pas de capitulation et fit jeter à terre, par un de ses officiers d'ordonnance, le fanion blanc du cavalier qui le suivait. Malgré les instances du général il refusa de prendre connaissance du pli qui lui était destiné et se remit en marche vers Sedan.

Parvenu sur la place Turenne, le général de Wimpffen appela au combat les soldats de toutes armes qu'il trouva aux alentours. Pour réveiller l'ardeur éteinte de ces hommes découragés et épuisés de fatigue, ses officiers firent courir le bruit de l'arrivée de Bazaine.

C'est ainsi qu'il réussit, laborieusement il est vrai, à grouper autour de lui la faible troupe avec laquelle il entreprit son deuxième retour offensif sur Balan. Quand, après le succès éphémère de cette dernière tentative, il dut reconnaître que la lutte n'était plus possible, il chargea le général Lebrun de diriger la retraite en lui annonçant que, pour son compte, il allait donner sa démission de général en chef.

Du côté allemand, aucun des documents officiels publiés jusqu'à ce jour ne fait mention d'ordres donnés par le grand quartier général, ni par les commandants des armées, en vue de la direction de la bataille, avant 3 h. 45 de l'après-midi. Le roi de Prusse, le chef d'état-major général de Moltke, le prince royal de Prusse et celui de Saxe paraissent donc être restés simples spectateurs des événements dont ils suivaient les péripéties, des postes d'observation qui ont été indiqués plus haut.

Vers 3 h. 45, Guillaume Ier prescrivit à toute l'artillerie disponible sur la rive gauche de la Meuse de faire converger ses feux sur la ville de Sedan. Les batteries wurtembergeoises furent appelées à cet effet de Donchery et vinrent prendre position des deux côtés de la grande route, à l'est de Bellevue.

Le bombardement causa dans la ville des ravages parmi les troupes agglomérées en masses confuses dans les rues, sur les glacis et dans les fossés de la place. Les généraux Guyot de Lespart et Girard furent frappés mortellement, le premier sur la place Turenne, le second dans une rue voisine. Les incendies se multiplièrent sur divers points.

Cependant, une compagnie du 5me bataillon de chasseurs bavarois se rapprochant de la porte de Torcy allait franchir les palissades, quand les tirailleurs français sur les remparts cessèrent le feu et arborèrent le drapeau blanc. Des pourparlers s'engagèrent avec les assaillants qui s'arrêtèrent aussitôt.

Compte rendu de l'incident ayant été adressé au quartier général, le roi de Prusse ordonna vers 4 h. 30 de suspendre le bombardement. Il chargea ensuite deux officiers du grand état-major, le lieutenant-colonel Bronsart de Schellendorf et le capitaine v. Winterfeld, d'aller sommer, en son nom, le commandant en chef de l'armée française de se rendre avec l'armée et la place.

VIII. — Fin de la Bataille

Malgré la suspension du bombardement de Sedan et les drapeaux blancs flottant sur ses remparts, la bataille se prolongea çà et là jusqu'à la tombée de la nuit.

Divers groupes, du côté français, continuèrent à se défendre avec plus ou moins d'énergie contre les troupes ennemies qui les serraient de près. De plus, deux tentatives isolées furent encore faites pour s'ouvrir un passage dans les lignes adverses.

D'une part, vers 4 h. 30, le général Wolff, rassemblant quelques centaines d'hommes, pour la plupart du 1er corps d'armée, gravit à leur tête les hauteurs au nord-est de Fond-de-Givonne, tandis que d'autres fractions, entraînées par son exemple, débouchaient du faubourg, dans la direction de l'est. Quelques bouches à feu, établies près de la ferme de la Garenne, appuyèrent ces mouvements. Les troupes de la brigade saxonne Garten, contre lesquelles on s'avançait, furent surprises par cette attaque et plièrent d'abord sous cet effort désespéré. Mais le général Wolff ayant été blessé et l'artillerie saxonne, vite renforcée par 2 batteries à cheval de la Garde prussienne, exécutant un feu des plus violents, les Français firent demi-tour et les Allemands les poursuivirent jusqu'aux glacis de Sedan.

D'autre part, le commandant d'Alincourt, du 1er cuirassiers, se mettant à la tête du 2me escadron de son régiment, sur les glacis près de la porte de Gaulier, fit sonner le ralliement, et entraînant avec lui plusieurs officiers et quelques cavaliers des autres unités de la division de Bonnemains, il s'avança résolument par la route de Saint-Albert. En arrivant au faubourg de Gaulier, cette petite troupe fut fusillée par des tirailleurs occupant les maisons. Mais on sonna la charge et la colonne s'élançant à toute allure franchit le faubourg et continua, sur une longueur de 1.500 mètres environ, malgré le feu des fractions ennemies qui garnissaient les hauteurs à droite, jusqu'à une barricade de charrettes et de voitures renversées, établie à l'entrée du village de Floing. Les officiers furent presque tous tués ou blessés ; le commandant d'Alaincourt, resté indemne parvint à tourner l'obstacle avec quelques hommes, mais ce fut pour aller se butter à une ligne de cavalerie ennemie déployée entre Floing et la Meuse. Il tomba, blessé à son tour, et fut fait prisonnier avec ce qui restait de sa vaillante escorte.

Les pertes des Français dans la fatale journée du 1er septembre 1870 furent de 799 officiers, dont 27 généraux, et environ 9.000 hommes de troupe, tués ou blessés. Selon l'historique du grand état-major allemand, le nombre des internés dans la presqu'île d'Iges, après la capitulation, fut de 83.000, chiffre qui est vraisemblablement celui des prisonniers transférés en Allemagne ultérieurement. D'autre part, le général de Moltke déclara au général de Wimpffen pendant les négociations relatives à la capitulation, que 20.000 hommes environ avaient été faits prisonniers sur le champ de bataille. En additionnant tous ces chiffres on arrive à un total de 113.000 hommes sur les 120.000 que comptait en nombre rond l'armée de Châlons, comme il a été dit précédemment. Il y eut donc environ 7.000 hommes qui échappèrent au désastre, parmi lesquels 3.000 furent désarmés en Belgique. Les 4.000 autres purent en général reprendre plus tard les armes et combattre encore, soit sur la Loire, soit à Paris, soit dans le Nord.

Quant aux pertes des Allemands, elles s'élevèrent, d'après les chiffres donnés par leur Historique, à 470 officiers et 8.500 hommes tués ou blessés.

Deux drapeaux français furent perdus pendant la bataille ; l'un, celui du 3me turcos, fut arraché par un soldat du 104me saxon à son défenseur expirant pendant le combat livré par le général de Lartigue sur la route de Daigny à Villers-Cernay. L'autre, celui du 17me ligne, fut pris par la Garde prussienne dans son attaque du bois de la Garenne.

Sur les 20.000 prisonniers faits sur le champ de bataille, 14.000 furent dirigés le soir même sur Douzy ; les 6.000 autres sur Donchery.

LA CAPITULATION

I. — Pourparlers Préliminaires

Entrés à Sedan par la porte de Torcy, les deux officiers envoyés par le roi de Prusse, colonel Bronsart de Schellendorff et capitaine v. Winterfeld, y furent reçus par le général de Beurmann commandant la place, puis conduits à la Sous-Préfecture. Là, à leur grand étonnement, ils se trouvèrent mis en présence de Napoléon III : le grand quartier général allemand ignorait, en effet, que l'Empereur était à Sedan.

Sur la sommation qui lui fut adressée, le Souverain écrivit, de sa main, une lettre pour le roi de Prusse et la fit placer dans une enveloppe cachetée. Comme le colonel Bronsart demandait qu'un officier de grade élevé fut désigné pour traiter des négociations, l'Empereur chargea le général baron Reille d'accompagner les parlementaires et de remettre sa lettre au roi Guillaume, sans lui donner d'ailleurs aucune autre mission.

Cette lettre était conçue en ces termes :

« Monsieur mon frère, n'ayant pu mourir au
« milieu de mes troupes, il ne me reste qu'à remettre
« mon épée entre les mains de Votre Majesté. »

Les deux parlementaires et le général Reille rejoignirent, à la cote 307, le roi de Prusse qui, après avoir pris connaissance de la lettre impériale, y répondit, également de sa main, qu'il acceptait l'épée de l'Empereur et qu'il l'invitait à désigner un de ses officiers pour traiter de la capitulation avec le général de Moltke.

En attendant le retour du général Reille, l'Empereur avait fait demander au général de Wimpffen de se rendre au grand quartier général allemand pour négocier ; mais celui-ci s'y refusa et envoya sa démission en sollicitant son admission à la retraite.

Au retour du général Reille, Napoléon III fit appeler le général Ducrot et voulut lui faire accepter la mission refusée par le général de Wimpffen, en le nommant commandant en chef de l'armée à la place du démissionnaire. Le général Ducrot se récusa, arguant que le général Douay, plus ancien de grade que lui-même devait être choisi de préférence. Ce dernier hésita d'abord ; puis après avoir pris l'avis du général Lebrun, il déclara que le général de Wimpffen ayant réclamé le commandement en chef dans la matinée devait en assumer la responsabilité jusqu'au bout.

Alors l'Empereur adressa au général de Wimpffen une lettre pressante pour le déterminer à revenir sur sa décision. Le général se laissa persuader, en protestant toutefois que le vrai responsable était l'Empereur lui-même, puisqu'il avait fait arborer le drapeau blanc sans le consulter. Il se rendit chez le Souverain vers 8 heures du soir, en reçut les pouvoirs nécessaires et partit pour Donchery où devait avoir lieu l'entrevue avec de Moltke. Il était accompagné de son chef d'état-major, général Faure, du général Castelnau chargé par Napoléon III de débattre ses intérêts personnels, et de quelques officiers, parmi lesquels le capitaine d'Orcet, auquel on doit un récit des pourparlers qui eurent lieu en sa présence.

Les conditions imposées par de Moltke appuyé par Bismarck, qui s'était joint à lui, ainsi que quelques officiers du grand état-major, comportaient ceci : « L'armée toute entière sera prisonnière de guerre avec armes et bagages, y compris les officiers auxquels on laisserait cependant leurs armes ; de plus, la capitulation devait être conclue avant 4 heures du matin. sous peine de voir le feu reprendre, à ce moment, avec intensité. »

Une longue discussion s'ouvrit entre les négociateurs, et finalement le général de Wimpffen ne put obtenir qu'une seule concession, la prolongation de la trève jusqu'à 9 heures du matin.

II. — Positions des Armées Allemandes pendant la Nuit

Avant de se rendre à Donchery, le général de Moltke avait adressé aux troupes allemandes l'ordre suivant :

« Des négociations sont entamées ; en conséquence
« l'offensive sera suspendue de notre côté pendant
« la nuit. Il reste entendu, cependant, que toute
« tentative de l'ennemi pour forcer nos lignes sera
« repoussée par les armes. Si les pourparlers devaient
« ne pas aboutir, les hostilités recommenceraient ;
« mais il y aurait lieu, pour cela, d'attendre le signal
« qui serait donné par la reprise du feu des batteries
« établies sur les hauteurs à l'est de Frénois. »

Au reçu de cet ordre les troupes s'établirent au

bivouac, un peu en arrière des points qu'elles occupaient à la fin de la bataille, les fractions de première ligne restant toutefois en position en face de Sedan. Le dispositif général se présenta donc ainsi :

Division bavaroise v. Walther, entre Bazeilles et Balan ;

1er corps bavarois, autour de Bazeilles et de La Moncelle ;

Division saxonne v. Holderberg, au sud-est de Daigny ;

Division de la Garde v. Pape, au nord-ouest de Givonne ;

Division saxonne v. Montbé, au sud-est de Givonne ;

Division de la Garde v. Budritzki, à l'est de Givonne ;

4me corps prussien, entre Bazeilles et Douzy ;

Artillerie de corps saxonne, à Villers-Cernay ;

Artillerie de corps de la Garde, au calvaire d'Illy ;

Division de cavalerie saxonne, à Douzy ;

Division de cavalerie de la Garde, à Illy ;

4me division de cavalerie, sur la route de Givonne à Illy ;

Division prussienne, v. Schmidt, à Illy ;

Division prussienne, v. Sandrart, à Saint-Menges ;

11me corps prussien, à Floing et environs ;

Division wurtembergeoise, autour de Donchery ;

2me division de cavalerie, autour de Donchery ;

6me division de cavalerie, à Flize et Poix ;

Division bavaroise v. Bothmer, à Frénois et Wadelincourt.

III. — La Journée du 2 Septembre

A 1 heure du matin, le 2 septembre, le général de Wimpffen revenu de Donchery à Sedan, rendit compte à l'Empereur de l'entrevue qu'il venait d'avoir avec le général de Moltke.

Napoléon III décida alors d'aller lui-même négocier avec l'ennemi. Il sortit de Sedan, à 6 heures du matin, dans une calèche, en tenue de ville, portant le grand cordon de la Légion d'honneur. Les généraux Castelnau, prince de la Moskowa, Pajol et Waubert de Genlis l'accompagnaient. La calèche suivit, au pas, la route de Donchery.

Au devant de lui accourut, à cheval, le chancelier Bismarck, prévenu par le général Reille, et venant de Donchery, où il avait passé la nuit. Abordant la voiture impériale, il répond à la demande qui lui est faite d'une entrevue avec le roi de Prusse que, comme le grand quartier général est à Vendresse, à 3 milles de distance, 22 à 23 kilomètres, la chose n'est pas possible. L'Empereur demande alors où il doit se rendre. Bismarck propose sa maison de Donchery, mais Napoléon III préfère entrer dans une maison qui se trouve au bord de la route, la pauvre demeure du tisserand Fournaise. Dans la chambre, meublée seulement d'un buffet, d'une table et de deux chaises, où ils pénètrent par un escalier étroit et branlant, l'Empereur et Bismarck entament une conversation qui se traîne péniblement jusqu'à l'arrivée de de Moltke que Bismarck s'est hâté de faire appeler. Le chef du grand état-major, malgré les instances de l'Empereur, déclare que si la captivité de toute l'armée n'est pas acceptée à

10 heures au plus tard, il donnera le signal de la reprise du feu. Puis il se retire en promettant de faire part à son roi des désirs de l'Empereur, mais non de les appuyer.

Napoléon III sort alors et va s'asseoir devant la maison. Il essaie de renouer conversation avec Bismarck qui se dérobe et propose d'aller au château de Bellevue où pourrait avoir lieu, dans des conditions plus convenables, l'entrevue des deux Souverains. Vers 10 heures on se rend au château, sur lequel, entre temps, avaient été dirigés la suite et les équipages de la maison impériale.

Cependant de Moltke avait rejoint le roi de Prusse sur le chemin de Vendresse et obtenu son assentiment aux conditions imposées au général de Wimpffen. Le roi déclara, en outre, qu'il ne consentirait à voir l'Empereur qu'après acceptation préalable de ces conditions.

D'autre part, un officier du grand état-major, le capitaine v. Zingler, avait été envoyé à Sedan pour prévenir le général de Wimpffen que les hostilités recommenceraient à 10 heures si la capitulation n'était pas intervenue; les troupes allemandes prenaient les armes, gagnaient leurs positions ; l'artillerie déployait ses batteries et chargeait ses pièces, prêtes à ouvrir le feu.

A Sedan, le général de Wimpffen réunit en conseil, à 6 heures du matin, les principaux chefs de l'armée, 25 officiers généraux environ. Après leur avoir exposé la situation et l'état des négociations en cours, il les invita à donner leur avis sur ce qui pouvait rester à faire. Seuls, les généraux Pellé et de Bellemare se prononcèrent pour la résistance dans la place, ou encore pour une tentative de sortie de vive force. Tous les autres considérant ces solutions comme irréalisables, le conseil conclut en déclarant « qu'en présence de l'impuissance maté- « rielle de prolonger la lutte, il faut accepter les « conditions imposées, tout sursis pouvant exposer « à subir des conditions plus douloureuses encore. »

Pendant qu'on rédigeait le procès-verbal de la séance, vers 9 heures, le capitaine v. Zingler se présenta. Après une courte et vive discussion avec lui, le général de Wimpffen se décida à se rendre au château de Bellevue.

En arrivant au château, le général de Wimpffen aperçoit tout d'abord l'Empereur qui, quand il s'est approché de lui et lui demande si le roi de Prusse a consenti à apporter quelqu'adoucissement aux conditions formulées par de Moltke, répond : « qu'on ne lui a pas laissé voir le roi. »

Le général de Wimpffen se rend alors dans la salle à manger avec le général Faure ; de Moltke et Bismarck viennent l'y rejoindre. Le chef du grand état-major, qui est porteur du texte de la capitulation approuvé par le roi de Prusse, déclare que Guillaume Ier ne verra pas Napoléon III avant la signature. Wimpffen renonçant à discuter davantage, ne cherche plus qu'à obtenir une concession qui lui est accordée, l'insertion au protocole d'une clause portant que les officiers qui donneront leur parole d'honneur de ne plus servir dans la guerre contre l'Allemagne seront autorisés à rentrer dans leurs foyers. Contrairement à ce qui avait été promis antérieurement, en échange de cette concession, il est entendu que seuls les officiers qui profiteront de cette clause conserveront leurs armes ; les autres auront à livrer les leurs.

Le protocole de la capitulation est alors signé, à 11 heures du matin, et daté de Frénois, le 2 septembre 1870.

Wimpffen, après avoir rendu compte à l'Empereur, qui attendait au 1er étage, se remit en route pour Sedan.

Pendant que tout se terminait ainsi à Bellevue, le roi de Prusse était monté à la Croix-Piot où le prince royal de Prusse, de Moltke et Bismarck vinrent le rejoindre.

Après avoir fait solennellement la remise de la croix de fer au chef du grand état-major et à quelques autres officiers, il descendit, vers 2 heures, au château de Bellevue, où le général Castelnau le reçut et l'accompagna auprès de l'Empereur. Napoléon III, en grande tenue, l'épée au côté, attendait sur la dernière marche de l'escalier, à l'entrée de la galerie vitrée. Tous deux se retirèrent dans le petit salon qui suit la galerie ; le prince royal de Prusse les accompagna jusqu'à la porte, la ferma et resta en faction à l'extérieur.

Il a été publié deux comptes-rendus de l'entrevue qui eut lieu ainsi : 1º Une lettre du roi à la reine Augusta, datée de Vendresse, 3 septembre ; 2º un passage du journal du prince-royal, Frédéric-Guillaume, relatant à la date du 2 septembre, ce que lui confia son père à ce sujet.

D'après ces documents, les deux Souverains, fort émus l'un et l'autre, s'entretinrent de la situation politique qui, en France, avait amené la guerre, de la valeur relative des troupes françaises et allemandes, de la répartition de ces dernières, dont l'Empereur croyait la plus grande partie autour de Sedan sous les ordres du prince Frédéric-Charles, enfin, et surtout, du sort qui allait être fait à Napoléon III personnellement. En ce qui concerne ce dernier point, le roi lui offrit la résidence du château de Wilhemshœhe qui fut acceptée, ayec autorisation d'emmener diverses personnes de sa suite, notamment les généraux Reille, prince de la Moskowa et prince Murat.

Après cet entretien qui dura environ un quart d'heure, Napoléon III ne revint plus à Sedan. Il passa la nuit au château de Bellevue, et le lendemain, 3 septembre à 8 heures du matin, il monta dans un coupé attelé en poste, portant la petite tenue de général de division, et accompagné du seul général Reille. Les autres officiers autorisés à le suivre prirent place dans des breacks et des chars-à-bancs, avec des officiers prussiens ; les domestiques et les fourgons de bagages venaient ensuite. Tout ce convoi était escorté par des hussards prussiens. Sous une pluie torrentielle, on fit un long détour afin d'éviter la traversée de Sedan et l'on alla gagner Bouillon où l'on arriva vers 3 h. 30. Le lendemain on repartit pour Wilhemshohe.

IV. — Internement de l'Armée Française
dans la Presqu'Ile d'Iges

De retour à Sedan, le général de Wimpffen convoqua un nouveau conseil, qui fut tenu à 2 heures de l'après-midi, et auquel prirent part une trentaine de généraux. Il donna connaissance des clauses de la capitulation, ce qui amena les généraux Lebrun, Dejean et Ducrot à protester vivement contre celle qui libérait les officiers s'engageant à ne plus servir pendant la guerre contre l'Allemagne, en signant ce que les Allemands appelaient le « Revers. »

Suivant ces clauses, la place devait être livrée aux commissaires allemands, dans la soirée même du 2 septembre, et l'armée devait être internée dans la presqu'île d'Iges, les mouvements à cet effet devant commencer le jour même pour être terminés le 3.

Pendant la matinée du 2, les états-majors français, en exécution d'ordres donnés par le général de Wimpffen, s'étaient efforcés de rétablir un peu d'ordre dans la place de Sedan où régnait une confusion extrême. Un quartier de la ville fut assigné à chaque corps d'armée pour s'y rassembler et y déposer ses armes. L'artillerie eût à conduire tout son matériel sur la rive gauche de la Meuse, dans la plaine de Glaires.

Les troupes ainsi réorganisées tant bien que mal furent conduites dans la presqu'île par leurs officiers qui, après les avoir remises aux commissaires allemands, devaient, aux termes de la capitulation, céder alors le commandement à leurs sous-officiers.

Dans l'étroit espace limité par la boucle de la

Meuse et le canal de Glaires à Villette, 80.000 hommes environ s'entassèrent sur un terrain détrempé par les pluies abondantes qui tombèrent pendant plusieurs jours. Dans la boue, sans abris, sans distributions régulières, ayant à peu près pour toute ressource les pommes de terre qu'ils déterraient et les chevaux qu'on abattait, ils eurent à passer de longues journées dans ce triste « Camp de la Misère. » A partir du 5 septembre des convois de prisonniers commencèrent à être formés ; ils furent dirigés sur Pont-à-Mousson, et de là sur l'Allemagne. L'évacuation ne se termina que le 14 septembre.

Le général de Wimpffen, abandonnant son armée, partit le 4 septembre, avec son état-major, se rendant par la Belgique et Aix-la-Chapelle à Stuttgard. Les autres généraux restèrent avec leurs troupes, s'ingéniant de leur mieux à adoucir leur sort.

Quant au Maréchal de Mac-Mahon, il se fit transporter le 5 septembre, de Sedan dans un château à Pouru-aux-Bois ; il y resta jusqu'à sa guérison, fin novembre 1870, et il alla alors se constituer prisonnier en Allemagne.

ORDRES DE BATAILLE DES ARMÉES

I. — Armée de Châlons

Maréchal DE MAC-MAHON (1), duc de Magenta, commandant en chef.

Général de brigade FAURE, chef d'état-major général.

Général de division FORGEOT, commandant de l'artillerie.

Général de brigade MITRECÉ, commandant du grand parc.

Général de division DEJEAN, commandant du génie.

Général de brigade DE BEURMANN, commandant la place de Sedan.

1er CORPS D'ARMÉÉ

Général de division DUCROT, commandant le corps d'armée.

Colonel ROBERT, chef d'état-major.

Général de brigade JOLY-FRIGOLA, commandant de l'artillerie.

Général de brigade LE BRETEVILLOIS, commandant du génie.

1re division : général de brigade WOLFF.

1re brigade : colonel BRÉGER. Fractions du 13me bataillon de chasseurs à pied, 18me et 96me de ligne.

2me brigade : général DE POSTIS DU HOULBEC. 1er zouaves et 45me de ligne.

(1) Les noms soulignés sont ceux des généraux blessés ; les noms soulignés deux fois sont ceux des généraux tués.

Artillerie : 7me et 8me (1) batteries du 9me régiment (12 canons).

2me division : général de division Pellé.

1re brigade : général Pelletier de Montmarie. 16me bataillon de chasseurs à pied, 50me et 2 bataillons du 74me de ligne.

2me brigade : général Gandil. 1er turcos, 1er de marche et 1 bataillon du 78me de ligne.

Bataillon de Francs-Tireurs de la Seine.

Artillerie : 9me, 10me et 12me batteries du 9me régiment (18 canons).

3me division : général de division L'Hérillier.

1re brigade : général Carteret-Trécourt. 8me bataillon de chasseurs à pied, 2me zouaves, 36me de ligne.

2me brigade : général Lefebvre. 2me turcos et 48me de ligne.

Artillerie : 5me, 6me et 9me batteries du 12me régiment (14 canons).

4me division : général de division de Lartigue.

1re brigade : général Fraboulot de Kerléadec. 1er bataillon de chasseurs à pied, 3me zouaves et 56me de ligne.

2me brigade : général Carrey de Bellemare. 3me turcos et 2me de marche.

Artillerie : 7me, 10me et 11me batteries du 12me régiment (18 canons).

(1) Les numéros soulignés sont ceux des batteries de canons à balles.

Réserve d'artillerie : XIme (1) et XIIme batteries du 6me, 5me et 11me du 9me, 2me, 3me et 4me du 20me (2) régiment (32 canons).

Division de cavalerie : général de brigade MICHEL.

1re brigade : général DE SEPTEUIL. 3me hussards et 11me chasseurs.

2me brigade : général DE NANSOUTY. 2me lanciers et 3 escadrons du 6me.

3me brigade : colonel PERROT. 10me dragons et 8me cuirassiers.

Artillerie : 1re batterie du 20me régiment (5 canons).

5me CORPS D'ARMÉE

Général de division DE FAILLY, puis général de division DE WIMPFFEN, commandant le corps d'armée.

Général de brigade BESSON, chef d'état-major.

Général de brigade LIÉDOT, commandant de l'artillerie.

Colonel VEYE dit CHARETON, commandant du génie.

1re division : général de division GOZE.

1re brigade : général SAURIN. 4me bataillon de chasseurs à pied, 11me et 46me de ligne.

2me brigade : général NICOLAS-NICOLAS. 61me et 2 bataillons du 86me de ligne.

(1) Les chiffres romains sont les numéros des batteries de 12.

(2) Les 19me et 20me régiments étaient des régiments d'artillerie à cheval.

Artillerie : 5me, 6me et 7me batteries du 6me régiment (13 canons).

2me division : général de division DE L'ABADIE D'AYDREIN.

2me brigade : colonel KAMPF. 14me bataillon de chasseurs à pied, 49me et 88me de ligne.

Artillerie : 8me batterie du 2me régiment (6 canons).

3me division : général de division GUYOT DE LESPART.

1re brigade : général ABATTUCCI. 19me bataillon de chasseurs à pied, 27me et 30me de ligne.

2me brigade : général DE FONTANGES DE COUZAN. 17me et 68me de ligne.

Artillerie : 9me, 11me et 12me batteries du 2me régiment (13 canons).

Réserve d'artillerie : 6me et 10me batteries du 2me, XIme du 10me, XIme du 14me, 5me et 6me du 20me régiment (28 canons).

Division de cavalerie : général de division BRAHAUT.

1re brigade : général DE PIERRE DE BERNIS. 5me hussards et 12me chasseurs.

2me brigade : général SIMON DE LA MORTIÈRE. 5me lanciers.

7me CORPS D'ARMÉE

Général de division DOUAY, commandant le corps d'armée.

Général de brigade RENSON, chef d'état-major.

Général de brigade DE LIÉGEARD, commandant de l'artillerie.

Général de brigade DOUTRELAINE, commandant du génie.

1re division : général de division CONSEIL-DUMÉNIL.

1re brigade : colonel GILLET. 17me bataillon de chasseurs à pied, 3me de ligne et 2 bataillons du 21me.

2me brigade : général CHAGRIN DE SAINT-HILAIRE. 47me et 99me de ligne.

Artillerie : 5me, 6me et 11me batteries du 7me régiment (16 canons).

2me division : général de division LIÉBERT.

1re brigade : général GUIOMAR. 6me bataillon de chasseurs à pied, 5me et 37me de ligne.

2me brigade : général DE LA BASTIDE. 53me et 89me de ligne.

Artillerie : 8me, 9me et 12me batteries du 7me régiment (18 canons).

3me division : général de division DUMONT.

1re brigade : général BORDAS. 52me et 72me de ligne.

2me brigade : général BITTARD DES PORTES. 82me et 83me de ligne.

Artillerie : 8me, 9me et 10me batteries du 6me régiment (18 canons).

Réserve d'artillerie : VIIme et Xme batteries du 7me, 8me et 12me du 12me, 3me et 4me du 19me régiment (36 canons).

Division de cavalerie : général de division AMEIL.

1re brigade : général CAMBRIEL. 4me hussards, 4me et 8me lanciers.

12me Corps d'Armée

Général de division Lebrun, commandant le corps d'armée.

Général de brigade Gresley, chef d'état-major.

Général de division Labastie, commandant de l'artillerie.

Général de division Ducasse, commandant du génie.

1re division : général de division Granchamp (blessé à Beaumont).

1re brigade : général Cambriels, fractions des 1er et 2me bataillons de chasseurs à pied, 22me et 34me de ligne.

2me brigade : général de Villeneuve. 58me et 79me de ligne.

Artillerie : 4me batterie du 4me, 3me et 4me du 15me régiment (18 canons).

2me division : général de division Lacretelle.

2me brigade : général Marquisan, 3me et 4me de marche.

3me brigade : général Louvent. 14me, 20me et 31me de ligne.

Artillerie : 3me et 4me batteries du 7me, 10me et 11me du 8me et 4me du 11me régiment (30 canons).

3me division : général de division de Vassoigne.

2me brigade : général Martin des Pallières. 2me et 3me d'infanterie de marine.

1re brigade : général Reboul : 1re et 4me d'infanterie de marine.

Artillerie : 7me, 8me et 9me batteries du 10me régiment (18 canons).

Réserve d'artillerie : 3me batterie du 4me, IIIme et IVme du 8me, 6me, 10me et 12me du 10me, VIIIme, IXme, 10me, 12me du 14me régiment, 11me, 12me et 13me de marine (75 canons).

Division de cavalerie : général de division DE SALIGNAC-FÉNELON.
1re brigade : général SAVARESSE : 1re et 7me lanciers.

Division de cavalerie : général de division LICHTLIN.
1re brigade : général LEFORESTIER DE VENDEUVRE. 7me et 8me chasseurs.
2me brigade : général YVELIN DE BIVILLE : 5me et 6me cuirassiers.
Artillerie : 1re batterie du 19me régiment (6 canons).

RÉSERVE DE CAVALERIE

1re division : général de division MARGUERITTE.
1re brigade : général DE GALLIFFET : 1er, 3me et 4me chasseurs d'afrique.
2me brigade : général TILLARD. 1er hussards et 6me chasseurs.
Artillerie : 2me batterie du 19me régiment (6 canons).

2me division : général de division DE BONNEMAINS.
1re brigade : général GIRARD. 1er et 4me cuirassiers.
2me brigade : général DE BRAUER. 2me et 3me cuirassiers.
Artillerie : 7me batterie du 19me régiment (5 canons).

QUARTIER IMPÉRIAL

L'Empereur NAPOLÉON III.
Les généraux : NEY, prince DE LA MOSKOWA,

prince MURAT, CASTELNAU, REILLE, COURSON DE LA VILLENEUVE, PAJOL, MAUBERT DE GENLIS.

Escadron des Cent-Gardes.

1 bataillon du 3ᵐᵉ grenadiers de la Garde impériale.

1 escadron des guides de la Garde impériale.

II. — Armées Allemandes

1º 3ᵐᵉ ARMÉE

Général de l'infanterie, FRÉDÉRIC, prince royal de Prusse, commandant en chef.

Lieutenant-général VON BLUMENTHAL, chef d'état-major.

Lieutenant-général HERKT, inspecteur de l'artillerie.

Général-major SCHULZ, inspecteur du génie.

5ᵐᵉ CORPS D'ARMÉE

Lieutenant-général VON KIRCHBACH, commandant le corps d'armée.

Colonel VON ESCH, chef d'état-major.

Colonel GAEDE, commandant de l'artillerie.

Major VON OWSTIEN, commandant du génie.

9ᵐᵉ division : général-major VON SONDRART.

17ᵐᵉ brigade : colonel FLŒCKHER. 58ᵐᵉ et 59ᵐᵉ posnaniens.

18ᵐᵉ brigade : général-major VON VOIGTS-RHETZ. 5ᵐᵉ grenadiers prussiens, 47ᵐᵉ silésien.

5ᵐᵉ bataillon de chasseurs silésiens.

4ᵐᵉ dragons silésiens.

Artillerie : 2 batteries légères et 2 batteries lourdes silésiennes.

10me division : lieutenant-général VON SCHMIDT.

19me brigade : colonel VON HENNING ZUR SCHŒNHOFF. 6me grenadiers prussiens, 46me silésien.

20me brigade : général-major WALTHER VON MONTBÁRY. 57me fusiliers westphaliens, 50me silésien.

14me dragons de la Marche électorale.

Artillerie : 2 batteries légères et 2 batteries lourdes silésiennes.

Artillerie de corps : 2 batteries à cheval, 2 batteries légères et 2 batteries lourdes silésiennes.

11me CORPS D'ARMÉE

Lieutenant-général VON GERSDORFF, commandant le corps d'armée.

Général-major STEIN VON KAMINTZKI, chef d'état-major.

Général-major HAUSSMANN, commandant de l'artillerie.

Major KRÜGER, commandant du génie.

21me division : lieutenant-général VON SCHACHT-MEYER.

41me brigade : colonel GROLLMANER : 80me fusiliers hessois, 87me nassauvien.

42me brigade : général-major VON THIELE : 82me hessois, 87me nassauvien.

11me bataillon de chasseurs hessois.

14me hussards hessois.

Artillerie : 2 batteries légères, 2 batteries lourdes hessoises.

22me division : général-major VON SCHKOPP.

43me brigade : colonel VON KONTZKI. 32me et 95me thuringiens.

44me brigade : colonel MARSHALL VON BIEBERSTEIN : 83me hessois, 94me thuringien.

1er hussards hessois.

Artillerie : 2 batteries légères, 2 batteries lourdes hessoises.

Artillerie de corps : 2 batteries à cheval, 2 batteries légères et 2 batteries lourdes hessoises.

1er CORPS BAVAROIS

Général de l'infanterie VON DER TANN-RATHSAM-HAUSEN, commandant le corps d'armée.

Lieutenant-colonel VON HEINLETH, chef d'état-major.

Général-major VON MALAISÉ, commandant de l'artillerie.

Lieutenanant-colonel RIEM, commandant du génie.

1re division : lieutenant-général VON STÉPHAN.

1re brigade : général-major DIETL : Régiment du corps, 1er régiment, 2me bataillon de chasseurs.

2me brigade : général-major VON ORFF. 2me et 11me régiments, 4me bataillon de chasseurs.

9me bataillon de chasseurs.

3me chevau-légers.

Artillerie : 2 batteries légères et 2 batteries lourdes.

2me division : général-major SCHUMACHER.

3me brigade : colonel HEYL : ou colonel SCHUCH ? 2 bataillons du 3me régiment, 12me régiment, 1er bataillon de chasseurs.

4me brigade : général-major VON DER TANN : 10me et 13me régiments, 7me bataillon de chasseurs.

4me chevau-légers.

Artillerie : 2 batteries légères et 2 batteries lourdes.

Brigade de cuirassiers : général VON TAUSCH : 1er et 2me cuirassiers, 6me chevau-légers, 1 batterie à cheval.

Artillerie de corps : 1 batterie à cheval et 6 batteries lourdes.

2me CORPS BAVAROIS

Général de l'infanterie VON HARTMANN, commandant le corps d'armée.

Colonel VON HORN, chef d'état-major.

Général-major LUTZ, commandant de l'artillerie.

Lieutenant-colonel FOGT, commandant du génie.

3me division : lieutenant-général VON WALTHER.

5me brigade : général-major VON SCHLEICH : 2 bataillons du 6me régiment, 7me régiment, 8me bataillon de chasseurs.

6me brigade : colonel BORRIES VON WISSEL : 14me et 15me régiments, 3me bataillon de chasseurs.

1er chevau-légers.

Artillerie : 2 batteries légères et 2 batteries lourdes.

4ᵐᵉ division : lieutenant-général VON BOTHMER.

7ᵐᵉ brigade : général-major VON THIERECK : 5ᵐᵉ régiment, 6ᵐᵉ bataillon de chasseurs.

8ᵐᵉ brigade : colonel MUHLBAUER : cinq bataillons des 1ᵉʳ, 5ᵐᵉ, 7ᵐᵉ, 11ᵐᵉ et 14ᵐᵉ régiments, 5ᵐᵉ bataillon de chasseurs.

10ᵐᵉ bataillon de chasseurs.

3ᵐᵉ chevau-légers.

Artillerie : 2 batteries légères et 2 batteries lourdes.

Brigade de hulans ; général-major VON MULTZER : 1ᵉʳ et 3ᵐᵉ hulans, 5ᵐᵉ chevau-légers, 1 batterie à cheval.

Artillerie de corps : 1 batterie à cheval et 6 batteries lourdes.

DIVISION WURTEMBERGEOISE

Lieutenant-général VON OBERNITZ, commandant la division.

Colonel VON TRICHIZ, chef d'état-major.

Colonel VON SCHICK, commandant de l'artillerie.

1ʳᵉ brigade : général-major VON REITZENSTEIN : 1ᵉʳ et 7ᵐᵉ régiments, 2ᵐᵉ bataillon de chasseurs.

2ᵐᵉ brigade : général-major VON STOUKLOFF : 2ᵐᵉ et 5ᵐᵉ régiments, 3ᵐᵉ bataillon de chasseurs.

3ᵐᵉ brigade : général-major VON HÜGEL : 3ᵐᵉ et 8ᵐᵉ régiments, 1ᵉʳ bataillon de chasseurs.

Brigade de cavalerie : général-major VON SCHELER : 1ᵉʳ, 3ᵐᵉ et 4ᵐᵉ Reiter.

Artillerie : 6 batteries légères et 3 batteries lourdes.

2me Division de Cavalerie

Lieutenant-général von Stollberg-Wernige-rode, commandant la division.

3me brigade : général-major von Colomb : 1er cuirassiers et 2me hulans silésiens.

4me brigade : général-major von Barnekow : 1er hussards du corps et 5me hussards poméraniens.

5me brigade : général-major von Baumbach : 4me et 6me hussards silésiens.

2 batteries à cheval.

4me Division de Cavalerie

Général de cavalerie, prince Albrecht de Prusse, père, commandant la division.

8me brigade : général-major von Hontheim : 5me cuirassiers prussiens, 10me hulans posnaniens.

9me brigade : général-major von Bernhardi : 1er hulans prussiens, 6me hulans thuringiens.

10me brigade : général-major von Krosigk : 2me hussards du corps, 5me dragons rhénans.

2 batteries à cheval.

2o Armée de la Meuse

Général de l'infanterie, Albert, prince royal de Saxe, commandant en chef.

Général-Major von Scholtheim, chef d'état-major.

Corps de la Garde

Général de la cavalerie, prince Auguste de Wurtemberg, commandant le corps d'armée.

Général-major von Dannenberg, chef d'état-major.

Général-major Kraft, prince de Hohenlohe-Ingelfingen, commandant de l'artillerie.

Lieutenant-colonel Bogum von Wanzenheim, commandant du génie.

1re division : général-major von Pape.

1re brigade : général-major von Kessel : 1er et 3me à pied.

2me brigade : général-major von Medem : 2me et 4me à pied, et fusiliers.

Bataillon de chasseurs.

Régiment de hussards.

Artillerie : 2 batteries légères et 2 batteries lourdes.

2me division : lieutenant-général von Budritzki.

3me brigade : colonel von Linsingen : 1er et 3me grenadiers.

4me brigade ; général-major von Berger : 2me et 4me grenadiers.

Bataillon de tirailleurs.

2me hulans.

Artillerie : 2 batteries légères et 2 batteries lourdes.

Division de cavalerie : lieutenant-général von der Goltz.

1re brigade : général-major von Brandenbourg I : Gardes du corps et cuirassiers.

2me brigade : lieutenant-général prince Albrecht de Prusse : 1er et 3me hulans.

3me brigade : lieutenant-général VON BRANDEN-
BOURG II : 1er et 2me dragons.

Artillerie de corps : 3 batteries à cheval, 2 batteries légères et 2 batteries lourdes.

4me CORPS D'ARMÉE

Général de l'infanterie VON ALVENSLEBEN I,
commandant le corps d'armée.

Colonel VON THILE, chef d'état-major.

Général-major VON SCHERBENING, commandant de
l'artillerie.

Lieutenant-colonel VON ELSTETER, commandant
du génie.

7me division : lieutenant-général VON GROSS, dit
VON SCHWARZKOPPEN.

13me brigade : général-major VON BŒRRIES : 26me et
66me de Magdebourg.

14me brigade : général-major VON ZYCHLINSKI : 27me
de Magdebourg et 93me d'Anhalt.

4me bataillon de chasseurs de Magdebourg.

7me dragons westphaliens.

Artillerie : 2 batteries légères et 2 batteries lourdes
de Magdebourg.

8me division : lieutenant-général VON SCHŒLER.

15me brigade : général-major VON KESSLER : 31me
et 71me thuringiens.

16me brigade : colonel VON SCHEFFLER : 86me fusiliers de Schleswig-Holstein et 96me thuringiens.

12me hulans thuringiens.

Artillerie : 2 batteries légères et 2 batteries lourdes
de Magdebourg.

Artillerie de corps : 2 batteries à cheval, 2 batteries légères et 2 batteries lourdes de Magdebourg.

12me CORPS SAXON

Général de l'infanterie, prince GEORGES DE SAXE, commandant le corps d'armée.

Colonel VON CARLOWITZ, chef d'état-major.

Général-major KŒHLER, commandant de l'artillerie.

Général-major KLEMM, commandant du génie.

23me division : général-major VON MONTBÉ.

45me brigade : colonel GARTEN : 100me et 101me grenadiers, 108me tirailleurs.

46me brigade : colonel VON SEYDLITZ-GERSTENBERG : 102me et 2 bataillons du 103me.

1er Reiter.

Artillerie : 2 batteries légères et 2 batteries lourdes.

24me division : général-major NEHRHOFF VON HOLDERBERG.

47me brigade : colonel VON ELTERLEIN : 104me, 105me et 12me bataillon de chasseurs.

48me brigade : général-major VON SCHULZ : 106me, 107me et 13me bataillon de chasseurs.

2me Reiter.

Artillerie : 2 batteries légères et 2 batteries lourdes.

12me division de cavalerie : général-major ZUR LIPPE.

23me brigade : général-major KRUG VON NIDDA : Reiter de la Garde, 17me hulans.

24me brigade : général-major SENFFT VON PILZAC. 3me Reiter, 18me hulans.

Artillerie de corps : 2 batteries à cheval, 2 batteries légères et 4 batteries lourdes.

3° GRAND QUARTIER GÉNÉRAL

Le Roi GUILLAUME DE PRUSSE.

Général de l'infanterie, baron DE MOLTKE, chef d'état-major général.

Quartier-maître général : lieutenant-général VON PODBIELSKI.

Général de l'infanterie VON HINDERSIN, commandant de l'artillerie.

Général de l'infanterie VON BOYEN. commandant du génie.

Les généraux DE TRESKOW, DE STOSCH, DE STEINACKER, et de nombreux princes, à la suite du Roi.

Le ministre de la guerre, général de l'infanterie VON ROON.

Le chancelier fédéral, ministre des affaires étrangères et président du conseil des ministres de Prusse, général-major comte DE BISMARCK-SCHŒU-HAUSEN.

TABLE DES MATIÈRES